世界哲學家叢書

莊子

吳光明———著

傅偉勳、韋政通———主編

東大三民圖書

《世界哲學家叢書》總序

　　本叢書的出版計畫原先出於三民書局董事長劉振強先生多年來的構想，曾先向政通提出，並希望我們兩人共同負責主編工作。一九八四年二月底，偉勳應邀訪問香港中文大學哲學系，三月中旬順道來臺，即與政通拜訪劉先生，在三民書局二樓辦公室商談有關叢書出版的初步計畫。我們十分贊同劉先生的構想，認為此套叢書（預計百冊以上）如能順利完成，當是學術文化出版事業的一大創舉與突破，也就當場答應劉先生的誠懇邀請，共同擔任叢書主編。兩人私下也為叢書的計畫討論多次，擬定了「撰稿細則」，以求各書可循的統一規格，尤其在內容上特別要求各書必須包括(1)原哲學思想家的生平；(2)時代背景與社會環境；(3)思想傳承與改造；(4)思想特徵及其獨創性；(5)歷史地位；(6)對後世的影響（包括歷代對他的評價），以及(7)思想的現代意義。

　　作為叢書主編，我們都了解到，以目前極有限的財源、人力與時間，要去完成多達三、四百冊的大規模而齊全的叢書，根本是不可能的事。光就人力一點來說，少數教授學者由於個人的某些困難（如筆債太多之類），不克參加；因此我們曾對較有餘力的簽約作者，暗示過繼續邀請他們多撰一兩本書的可能性。遺憾的是，此刻在政治上整個中國仍然處於「一分為二」的艱苦狀態，加上馬列教

條的種種限制，我們不可能邀請大陸學者參與撰寫工作。不過到目前為止，我們已經獲得八十位以上海內外的學者精英全力支持，包括臺灣、香港、新加坡、澳洲、美國、西德與加拿大七個地區；難得的是，更包括了日本與大韓民國好多位名流學者加入叢書作者的陣容，增加不少叢書的國際光彩。韓國的國際退溪學會也在定期月刊《退溪學界消息》鄭重推薦叢書兩次，我們藉此機會表示謝意。

　　原則上，本叢書應該包括古今中外所有著名的哲學思想家，但是除了財源問題之外也有人才不足的實際困難。就西方哲學來說，一大半作者的專長與興趣都集中在現代哲學部門，反映著我們在近代哲學的專門人才不太充足。再就東方哲學而言，印度哲學部門很難找到適當的專家與作者；至於貫穿整個亞洲思想文化的佛教部門，在中、韓兩國的佛教思想家方面雖有十位左右的作者參加，日本佛教與印度佛教方面卻仍近乎空白。人才與作者最多的是在儒家思想家這個部門，包括中、韓、日三國的儒學發展在內，最能令人滿意。總之，我們尋找叢書作者所遭遇到的這些困難，對於我們有一學術研究的重要啟示（或不如說是警號）：我們在印度思想、日本佛教以及西方哲學方面至今仍無高度的研究成果，我們必須早日設法彌補這些方面的人才缺失，以便提高我們的學術水平。相比之下，鄰邦日本一百多年來已造就了東西方哲學幾乎每一部門的專家學者，足資借鏡，有待我們迎頭趕上。

　　以儒、道、佛三家為主的中國哲學，可以說是傳統中國思想與文化的本有根基，有待我們經過一番批判的繼承與創造的發展，重新提高它在世界哲學應有的地位。為了解決此一時代課題，我們實有必要重新比較中國哲學與（包括西方與日、韓、印等東方國家在內的）外國哲學的優劣長短，從中設法開闢一條合乎未來中國所需

求的哲學理路。我們衷心盼望，本叢書將有助於讀者對此時代課題的深切關注與反思，且有助於中外哲學之間更進一步的交流與會通。

最後，我們應該強調，中國目前雖仍處於「一分為二」的政治局面，但是海峽兩岸的每一知識分子都應具有「文化中國」的共識共認，為了祖國傳統思想與文化的繼往開來承擔一份責任，這也是我們主編《世界哲學家叢書》的一大旨趣。

傅偉勳　韋政通

一九八六年五月四日

自 序

　　莊子生平不詳，在《史記》列傳二百多字記載他的事蹟中，只有二十四個字說及他的身世：「莊子者，蒙人也，名周。周嘗為蒙漆園吏，與梁惠王、齊宣王同時。」他寫的文字也不多，我們現在手裏只存有三十三卷，如除掉注解的文字（是後人所加的），則在《莊子引得》裏其全書只占九十四頁，這寥寥七萬多字，卻已夠使莊子獲得「絕世的大文豪」（錢穆語），使聞一多說：「至於後世的文人學者，每逢提到莊子，誰不一唱三嘆地頌揚他的文辭？」（《聞一多全集》，第二卷，〈莊子〉）錢穆又說莊子是「一位曠代的大哲人」（錢穆這兩句讚語引自黃錦鋐譯注，《新譯莊子讀本》，三民書局，第四十八頁），克禮魯 (H. G. Creel) 說得更透徹，他說據他的估計，莊子寫的那本書是「全世界中最絕妙的哲理書」。（H. G. Creel, *What Is Taoism?*, Chicago: The University of Chicago Press, 1970, p. 55. 克氏不僅是著名的漢學家，他也擁有西洋哲學的學位，他的話並不是胡說的。）再者，凌約言尤其有意致地說：「莊子如神仙下世，咳吐謔浪，皆成丹砂」（引用於聞一多氏的《聞一多全集》，第二卷，〈莊子〉那篇文章裏），〈天下篇〉裏也說莊子的話「謬悠」、「荒唐」、「恣縱」而「無端崖」。

　　總之，莊子的辭藻圓妙快愉，是吾國文學之冠，他的文章不僅簡勁豪放，且有深刻冥遠的哲理，他的思想不但雋哲美妙，更是諧

謔風流，這幾個特色──美、深而輕，文、哲而諧──使莊子成為吾國最奇特的文人、才哲及仙士，深遠地影響了吾國的詩文、道思，及人生觀，幾乎每個詩人、每個隱士、每個禪僧都受過他的薰陶。

可是，如上所說，莊子其人生平不詳，他留下的文字被郭象刪編只存三十三篇，其中只有最初七篇（通稱〈內篇〉）被公認為他本身撰寫，其他〈外篇〉、〈雜篇〉都是他的友人或後輩慕仰他而寫成的。從我們後代的人看來，莊子的活機正與他生平文字等資料之量成反比，資料那麼少，他的影響力那麼大！尤其他的文、哲及諧三者合一的特殊意境令人望塵莫及，坊間流行的關於莊子的書籍不是只管編輯辭句詁釋，便是限於文學欣賞，如有所謂「莊子的哲學」之類的書，皆依西洋哲學範疇斷章取義地整理莊子文字，這樣一來莊子那特異的文哲諧三境合一的玄妙都被抹殺了，我們完全無法從中察悟莊子革新的人生氣格。

本書特別注重莊子的這哲文諧的核心，利用（卻不盲從）西哲裏現象學、詮釋學的方法論，以體悟莊子肺腑的言思。

因為莊子其人隱沒於莊子其書之中，我們只能由其書窺視其人，而且一窺視我們就了悟莊子完全虛己忘跡了。因此拙書特意副題為「莊書西翼」來提醒讀者要看書以觀其悠境，不要盲從其人而迷失於歷史雜事之中。況且，因我們看莊子虛身，我們也要捨棄糟粕筌蹄的莊子言語，以悟進不可言傳的意味。

我寫本書，承蒙傅偉勳博士的啟示甚巨。他那磊落悠遠的為人風格，令人嚮往莊子本身，謹此致謝。惟我學淺才薄，想以至陋的文字點出至妙的莊子莊書，未免惹通人譏笑，只求國內海外博學賢士，賜予批正之。

吳光明　謹序

民國七十六年春

莊子

目次

引　論

一

　　本書是要提示莊書的哲思，不是要闡述莊子的哲學。這句話本身有三要點：本書要「提示」，不要闡述直說；本書是關於「莊書」，不是莊子；莊書有的是「哲思」，不是哲學。第三點在本段及次段（第二段）說明。第二點在本段及末段（第六段）說清。第一點比較麻煩，也就是本書的中心點，在第三、四、五諸段解明。

　　最先要提醒的，就是我們現代人對莊子其人不大知道，莊子是古代的文思家，其為人生平不詳，莊書卻為我們手中握有，我們可讀出其暢遊玄遠的哲思，下文如說「莊子」，實指莊書哲思。

　　「哲思」也不就是「哲學」。「哲學」源自古代希臘，是西洋的特有學問，擁有明晰的邏輯、分析、系統，是個專門學問。「哲思」就不同了。它是人類共有的深長的熟慮明悟，是我們一切有意識的言行處世的骨幹精髓，遍滿藝術感觸，文章推理，日常處事。吾國宏遠的文史富有哲思，煌烈的行蹟顯示哲思，哲學是哲思行為之一。哲思的邏輯、分析及系統顯明於見解、論說、察悟、處事之中，渾然織成一體系。這哲思最成熟老練的，要推崇中華悠久的文化了。

　　我們在本書將莊書放在西洋哲學的環境中，襯托莊書特異的貢獻，由是一方面向西洋哲學提供方法論上的革命開拓新路徑，另一方面在中國莊學中得以喚醒，呈示莊學不僅限於考據訓詁釋詞，而擁有深刻新穎的哲思。

　　人人都說莊子是道家思想家，莊書含有深遠的哲思。可是，雖

然吾國歷代積有幾千冊關於莊書的書籍，一看嚴靈峰的《莊子集成》就可知道，絕大多數都是研究考據訓詁的。

我想時期已到了。我們可以由這些考據訓詁諸書出發，進一步研究莊書特異的哲思。近來出現了無數的「莊子哲學」之類的書冊，這現象充分表明莊學進入了哲思階段了。可遺憾的是它們都是：

（一）一直抄錄莊書詞句，把它們分類了事，完全沒有提到那些話句到底何意，它們的意味如何連貫，更重要的，它們沒有查詢莊子為什麼說出那種自相矛盾，似是而非的詭言詭語。它們或（二）只用西洋哲學的術語範疇全盤無檢驗地套上莊書，說莊書的本體論是什麼，宇宙論是什麼，倫理觀、政治觀、藝術觀等，是什麼。這種西哲範疇的直接套上莊書真是圓鑿方枘，互不相容之舉。（三）有時這些哲學書籍用日常的常識來解釋難句，結果莊書變成只是世語俗思重說一番的一部庸書，真正的莊書哲理卻竟讓它溜走了。（四）當然偶有深刻的莊子文學的欣賞的良書出現。黃錦鋐先生的《莊子及其文學》是個好例子。可惜的是這些書雖偶有哲理性的斷言片語，它們總是文學方面的書，連郭象、王夫之、林希逸三氏也是偶而根據莊書詞句發揮他們的所感而已，沒有系統性的深究莊書的方法論及真諦。

這些不幸的現象可能是來自吾國自從清朝澀滯於訓詁考證，久而久之，一時無法拔足轉入新階段。那麼現代的我們如何由莊學樸學出發，進入探究莊書哲思的新階段呢？受外來迥異的思潮一刺激，就比較容易。

試舉一個例子。在漢唐時代，孔孟之學遲滯，老莊之學又轉成黃老宗教或竹林清談，真正哲思上深刻的進展開始在程、朱、陸、王諸氏，而這些宋明理學家們的進展，是受佛教與吾國思潮全異的

哲學的激發而起來的。一樣地，現代莊學學界所需的也是面對歐美
哲學界，受其刺激而掀起莊書哲思的探究。

二

　　本書以哲理的角度看莊書，經過西洋哲學的薰陶，卻不以西洋
哲學的範疇為本。只運用它們隱有的現象學詮釋學上的細心洞察關
照，提示莊書哲思的世界。易言之，本書不以歐美的哲學為框架，
只專凝視莊書本身，用它本身所言去了解其所以然。從另一方面看，
本書卻也不是樸學釋句之書，只將莊書的本意由古代置換現代，本
書不僅令其哲思呈現活躍於吾國，更使它警惕全世界。

　　莊書奇特的文意文體，是中華文學的精華，是歐美、印度的諸
哲學系統中找不到的。因此，反復反芻細嚼莊書，等於體會宣揚中
華傳統的精髓於全世界，吾國的哲思大有可貢獻於世界哲學的地方，
莊書的宣揚是個最適當的出發點。

　　莊書的哲思必掀起震動全世界方法論上的革命。可是如外國讀
者質疑莊書的真意何在，它有什麼特異的論法，我們不能以考證、
訓詁、釋字等給他們，這些是解莊上極其重要的準備工作，不是莊
學的哲思本身。再，向外國讀者的質詢，我們也不能用文學上的欣
賞回答，因為文學欣賞只是哲思了解的開始而已。考據訓詁及文學
欣賞只是兩個不可或缺的準備工作。我們須進一步有體系地了解莊
書的內容。(我曾以此精神，通過訓詁文學及西洋哲學試圖了解莊書
的哲思，*Chuang Tzu: World Philosopher at Play*, NY: Crossroad
Publishing Co., & Atlanta, GA: Scholars Press, 1982，及 *The Butterfly
as Companion: Meditations on the First Three Chapters of the Chuang*

Tzu, Albany, NY: State University of New York Press, 1988.）

三

在吾國哲思屬於文學，文學則受了莊子極其深遠的影響。

美國哲學家懷特黑 (A. N. Whitehead) 曾大膽地說歐美哲學的傳統皆不外乎柏拉圖 (Plato) 一連串的注釋，他不說柏氏全部的思想體系被後代的哲學家們毫無更改地承受，他是說柏氏豐富廣泛的概念及意象，啟發了很多哲學系統的發展。（看 Alfred N. Whitehead, *Process and Reality*, Corrected Edition, eds. David Ray Griffin & Donald W. Sherburne, NY: The Free Press, 1978, p. 39.）相似地，我們也可以大膽地說全部的中國思潮結晶於莊書哲思，全部的中國哲學傳統，皆不外乎莊子一連串的注解。這不是說莊子的話句意象完全被程、朱、陸、王毫無變更地承受下來，乃是說莊子的方法論、情緒、思考路徑、隱藏的系統及精銳具體的洞察，都代表前代賢哲的結晶，都在不斷地啟發後代哲思及文學。

四

那麼莊書哲思的特點何在？莊書一直提示而不直述，這是它的特色，詳言之，則等於下列三個特徵：

第一，它的文體及文意錯畫合一，其文即等於其意，其意即是其文，兩者不可須臾乖離，這種文意相纏互錯可竟稱為「詩體」。在下面我們有機會想到這種詩體有何等重大的哲意。

第二，莊書哲思的立場不是個普通所謂的「立場」。這並不是說

莊書沒有立場，乃是說它的立場是個沒有立場的立場，這是怎麼說的呢？

　　有些思想直截了當，清清楚楚沒有餘疑。如「法治」、「勸學」、「推己及人」、「修身齊家治國平天下」。它們中肯有理，不必另加以敷陳闡明，一說出則可商討其優劣損益之處。

　　但「溫故而知新」就不是如此直逕了。我們不得不想，在「故」舊的陳思裏可有什麼「新」的啟發？「新」與「故」豈不是相反嗎？「古」老的東西豈不被「溫」得更陳腐了嗎？我們再念一次，就覺這句話既似反古又似尊古，這句話就是站在沒有立場的立場來說的。

　　這些困難源自解釋「溫故而知新」為「溫故之中自有新得」而來的，這是逐字的直義解釋，是朱熹在《四書集註》，林語堂在 *The Wisdom of Confucius*, p. 203 ，陳榮捷在 *A Source Book in Chinese Philosophy*, p. 23，以及劉殿爵在 *Confucius: The Analects*, p. 64 的解釋。

　　可是這照字面的字義的解釋產生了上舉的困難詭異，由是而激發生出很多寶貴的釋意。現在暫看其中四個例子。約言之，這些都由「溫故而知新」裏的「而」字的不同詮釋而來：

　　(a) 最簡單的是「一方面習古，另一方面又知新」。這是宇野哲人《論語》上卷，pp. 74–75，及 James Legge 所採用。另有

　　(b)「溫故之後，又能知新」（方驥齡，《論語新詮》，p. 32），

　　(c)「通古義以斟酌後世制作」（劉逢錄，《論語述何》；殷豫川，《論語今詮》，p. 167），及

　　(d)「溫故之中得知新的含義，新釋古學以通今致用」（錢穆，《論語要略》，p. 121；Arthur Waley, *The Analects of Confucius*, p. 90）等解釋。

　　這樣看來，孔子的話似非而是，可左可右，好像乖離常識恆理，其實是作常識的根基，改正補強常識，以宣揚恆理。孔子的這句話可左可右，沒有立場，同時改化常識，是站有很崇高的立場的，簡言之，孔子的有些話，是站在沒有立場的立場的話。

　　莊書就更麻煩了。孔子似非而是，莊子似非非又似非是，孔子可左可右，莊子不可左又不可右，真是無從下手。孔子是古代聖賢的典型，耐人徘徊尋味，莊書卻既似狂人詭言集錄，又迷人得不可釋卷。

　　莊書文句我們下一解釋，看似中肯卻尚可質疑，下第二釋意，看似合理，卻尚覺有所不妥，一層層的含意由是如此地從讀者本身激出來。

　　試舉「無為」一詞吧。這是莊書裏最通常的句子，可是我們無法確定其義。「為」就是「為」了。怎可「無」化它呢？一「無」化所「為」，豈不就沒有作為了嗎？詮釋作「無」化不自然的人為做作（「偽」），勉強努力，是最普遍的釋法。但自然的作為就沒有作為了嗎？自然自發的天放的作為與普通的人偽又有什麼迥異，天放自為有什麼特殊的構造內容？豈不是「無為之為」、「無為為之」、「無為而無不為」？可是這些詞句到底有什麼意思？它們那麼內自矛盾，豈不正是我們原在探索的迷濛不清楚的詞類嗎？我們原來質問「無為」，現在面對「無為而無不為」，一點都沒有增加我們的了解。

　　其他句子也是如此。「不道之道」、「不言之言」等詞句也是具有同樣地迷人之力，「吾喪我」又是如此。「吾」一喪失了「我」，豈不就沒有我自己了嗎？但從另一方面看，喪己不喪己，一切的行為需有其行動作為的主體，都在證實奠定行為主格的存在，自「吾」的實存。可是麻煩的就是「吾喪我」明明主張喪己無我，否定主格主

體的存在。因此本句以喪我建「吾」，以建己來喪我，真是令人莫測，無處可從。其他如「忘己」、「方生方死，方死方生」、「兩行」、「忘言與言」、「非言非默」、「恃不知而知天」、「至樂無樂」、「以無知知……以無翼飛」、「求其所已知」、「放德而行」、「無私焉乃私也」、「出怒不怒，則怒出於不怒矣」，等話，不勝列舉。黃錦鋐先生在他的《莊子與其文學》裏，屢次言及莊子如何地沒有立場，我竊自以為莊書沒有那麼簡單，王夫之說莊子隨說隨掃，但既然本要掃除去言了，又何必要說呢？這種看似無謂（「沒有立場」）的作為，豈不是其中另有深一層的隱意嗎?莊書豈不是站在沒有立場的立場？這點以後另有討論的機會。

　　我們到此談到莊書有兩個特點：文體文意之合一，沒有立場的立場。莊書另有第三、第四兩個特徵。

　　第三，相似地，莊書的哲思也是有目的的 （沒有目的不成一書），可是它的目的是沒有目的的目的。

　　莊書的目的，是要警惕世人自省其通常的慣習、思潮、思法，因為行為出自思想，我們怎麼想法，就有那樣作風。思想上的革新掀起全人生思為風格的煥新改革。可是從另一方面看，革新只能來自自革，從外來壓制而開始的革新不能算是名符其實的徹底的革新。因此莊書哲思，警醒世人，是要使人自省自革，這是它的目的。可是這「目的」等於「沒有目的」，因為令人自新是無可命令律定的事，每人又各有其各自特殊的思法行法，無法預先設立固定的藍圖律例。所以莊書的哲思無法擁有特定的某某目的。總之，莊書的目的就是沒有目的的目的。

　　第四，由是可知，莊書哲思之言，是不言之言，它的系統也是隱然不可測的沒有系統的系統。它的說法是王夫之所謂的「隨說隨

掃」，像蜻蜓尾巴，點綴（意）池水，觸而不觸，既說出來了，又好像沒有說，好像沒有說什麼，可是又使人覺得心裏疚疚，必定要閒居閉門冥想細思。莊書不直說，只隱喻，不闡述，只谷響映影，莊書有的是卮言、寓言、重言，完全沒有直言。孔子要舉一反三，莊書要舉此反彼，孔子要溫故知新，莊思要溫諸詭反各真。

　　以上我們從方法論上的四點看了莊書的特色——文體、立場、目的，及言說。這四點都在表明莊書自體隱晦，正反合一的作風。由是可見，引論也就等於本論了。

五

　　莊書的引論等於其本論。這禪宗裏的《無門關》之顛倒。「無門關」即是無門之門，莊書卻處處皆門，從〈外篇〉任何一篇讀起也可，從最終了的〈天下篇〉開始也行。首反復相映互響，無所不通。

　　而且一進入莊書之門，我們覺得進入了我們讀者本身，學莊即是習己，學習如何入己反真，而反真即是返歸天地春秋，宇宙時空之「門」。天下人間無不是門，而莊書是諸門諸己之門。

　　莊書提示我們自己即是進入天地真理之門，我們之進入莊書之門，是要進入自己之門，而致進入天地合一之無境之境。

　　我們現在有兩個門，就是莊書與我們自己。前門引進後門，前門使我們進入，後門使我們出來（忘己、喪己），而進入天地春秋，在其間逍遙無滯。而在其間我們忽然了悟了——我們本來就沒有進出可言，只跟天地萬物相與，自適其適，自怡無遺。

　　當然這不是說我們可以解脫放棄自己，乃是說我們可以與天地萬象互相「物化」。這也不是痛苦的輪迴，乃是栩栩自喻，相分互

化。進入己門參與春秋，親身體驗「觀化而化及我」的逍遙至境以乘物遊心。

我們在此千萬不要忘記——我們只能由進己門方可入天地，只可由忘己方能自得遊世，而入己門最妥善的路徑無非就是從莊書之門進去。由莊門入己而忘莊，由己門入天而忘己，這是拙著要提醒的一件要事。

再者，本書既然主倡忘莊入己而得忘己入世，一樣地也要規勸讀者忘記本書而進入莊書了。易言之，本書的目的在於成為透明清淡的無門，讓讀者無阻滯地直進莊書，相似地，這情形使讀者悟得讀莊秘訣，就是讀者也要同樣地通過透明無門的莊書而回入自己，通過透明無門關的自己而參與天地，與時俱化。

本書是「莊書西翼」，是個引論，上述的幾段說明引論的「引」義。「引」即是入書而忘言，忘莊，而致忘己入化。約言之，引就是入，入就是忘，忘就是化而遊。

引忘當然是入世，入世即是入化，入化等於參與天研、天倪、天輪。而天輪與佛教所謂的「輪迴」大有迥異。佛教要我們解脫輪迴的苦海而進入虛空無化的涅槃寂滅。莊書的天輪卻不是了。「天輪」指天然事物的輪化而言，「輪」如〈齊物論〉所示，就是命理，心思言行，循物理參常化。《說文解字詁林》提醒我們，說：「論，綸也。輪也。」（第三卷，p. 506）也就等於「倫」。「綸」如諸葛巾，是青絲織成的東西，經綸本是治絲之事。轉喻規畫民生治國，「輪」當然指事物互相輪化，互相研磨，互相蔓衍，而以和之天倪，振於無境而窮天年。這就是引論的「論」義。引論之引入輪化，寓諸無境。

六

　　最後有個小小一點要提出的。普通介紹古典書籍的慣習，是從
著者何人，時代背景怎樣，其書大旨何在等說起，可是照以上諸段
說來，這些問題都不迎自消了。當然我們可以從很多介紹莊子的書
籍查出莊子其人其意，從馬敘倫的《莊子天下篇述義》所附的〈莊
子年表〉，可看到莊子的身世，也可從黃錦鋐的《新譯莊子讀本》學
到莊子的生平及其學說要旨，可是莊子就是不要我們追求他，要我
們直凝事物本身，不要我們死記他的話語，要我們受那些話語的激
發而體察萬物不可奈何之真情，以虛待物，安時處順。我們這樣對
待莊子，莊子就可以自由妄言，我們也可以妄聽自喻以在宥達生。

　　好，我們可以進入本論了。

第一章 所謂的「莊學」、真正的莊學

一

　　一般之所謂「莊學」，泛指莊書文字的考據訓詁而言，這種工作雖是基要，只注視章句必致拘泥文字，漏失莊意。莊子明說：「書不過語，語有貴也。語之所貴者意也，意有所隨，意之所隨者，不可以言傳也。而世因貴言傳書，世雖貴也，我猶不足貴也。」以為拘泥莊書文字能得莊子真意，等於以為拘泥形色名聲，「足以得彼之情」(13/64-68)。難怪那輪扁暢言說：「君之所讀者，古人之糟魄已夫」(13/70, 74)。雖說得過分些，他的情意正表明莊書的指向，莊書的令人不可釋卷的原因，也在於此。

　　念莊書屢次拍案叫快，又使人更想要進一步了解其中哲思。這課題包含兩層工作：(1)我們了解莊書，必須處身於寫書當時的情世，經驗著者的經驗，這是學習古籍一般的課題。(2)我們必須進一步被莊書激發而開始新生活。莊書永是新鮮活生生的，我們也要活在其中，每天有新開始，日新而日日新。這是學習莊書特有的課題，參考歷代諸儒的考證訓詁，可助我們達成第一課題。莊書放在現世（歐美）學界（如本書）可助我們負起第二課題。

　　莊書裏，靈活生鮮的詞句比比皆是，我們如整理這些句子，很權威地將某定釋義編成欽定經典，莊子則成為正統莊學的鼻祖，莊學就等於欽定的莊子煩瑣學了。這樣一來，活的莊書等於被殺而尊藏於學術廟堂中，怪不得莊子寧願成為一小活龜，在隱蔽無名的日常生活的泥中拖著尾巴。莊子知道這種「莊學」經典，只在字裏行

間鑽來鑽去，不讓讀者本身反復深摸言外活意，應用於生活，又屢次由生活中體察更進一層的了悟莊句。

莊學的傳統化經典化，這種腐儒咬文嚼字的遊戲，會使本來極其有用的考據、訓詁、釋義，轉成人生絆腳石，使人與人生的實情脫節。

這樣說來，傳統就等於多餘的贅疣嗎？這也不是。齊克果 (S. Kierkegaard) 說：「師死，方可隨師。」(Søren Kierkegaard, *The Gospel of Suffering*, Minneapolis: Augsburg Publishing Company, 1948, pp. 6-9.) 孔子或會贊同，而他的贊同法，也許是齊氏料想不到的。因為孔子雖說他只「述而不作」，他一「述」反創新徑了。例如「君子」一詞，原指君王貴族的子孫，是血統上的名詞，孔子卻釋為有道義的義人，將這貴族的觀念道德化民主化。這就是他「好古」，傳古的真意。英國著名的康德 (Kant) 專家佩敦 (Paton)，並不是什麼急進派的學者，他卻曾說：「我們若要以過去為準繩，必須承奉那使古代著名的一個要因，即是，我們要像古代人士所為，加增人類的知識及成就。只是盲目模倣是不會增加人類的總成就的……即使我們以古代的文物制度為絕對的權威而完全接納遵奉它們，我們也不能避免自己獨立的思惟，專門注釋者或可助別人了解，他本人卻無法了解他所注釋的，如要了解古代的思想家，我們必須循他思想之路，再行思想一番。這種重行思惟，不能只以比較原文，分析詞句可以了事的，乃是要經驗古人的經驗，與他同樣的問題搏鬥。沒有記憶，我們當然無法思考，可是記憶無法拿來代替思考。」(H. J. Paton, *The Good Will*, London: George Allen & Unwin, 1927, pp. 16-17.)

這些話都是很深刻中肯，我們只要加一點，就是關於「經驗『古

人』的經驗」的一句，真的，我們要經驗古人「增加人類成就」的經驗。可是「**加增**……成就」就是加添**新的**成就，而新的成就不能等於「古代的經驗」了。如「此」與「彼」一樣地新，則「此」與「彼」一樣地各自獨異而不可重複，此與彼**一樣**地彼此**相異**。

這樣，了解「奉承傳統」即等於掀起古文詮釋學上的革命。現舉一例，我們通常這樣釋義莊書裏的某一詞句：莊子時代的諸作家（或莊子本身在莊書別處）用「此句」的用法是「如此如是」，因此這句在這地方也一定是「如此如是」的意思。這卻等於以為莊子一直沒有改變他以前的句法，也一直沒有改變別人的句法詞意，可是世上沒有一作家這樣做的。相反地，好作家的「好」處，正在他微妙地轉變句法詞意的筆風。

這並不是說作家可以隨意妄創新詞新意，因為每一作者曾被其他作家「如此如是」的詞法影響，也曾「如此如是」地用過某句。現在這作者因碰到新的事意，要有珍鮮新異的詞意句法。可是「新異」的「新」與「異」，要看以前的詞法才可斷定。改變句法，是改變昨昔的句法，不能與「昨昔」無關。總之，新的句法是源自(i)昨昔的用法，及(ii)嶄新的事意。樸學可助我們了解(i)，卻不能幫助我們了解(ii)，而我們之讀一文章卻正是為要了解(ii)的。

日本注釋家赤塚忠注意到莊書（尤其第一章）屢有神話傳說的斷片（赤塚忠著，《莊子》，上下卷，東京集英社，1974，1976），他卻沒有考慮到這種神話之採用，有何意味。在第二章，莊子使用了當代哲思家及一般民間通用的諸概念，英國漢學家 A. C. Graham 指出幾個哲思家們中通用的概念，他卻忽略了民間諸概念。（A. C. Graham, *Chuang-tzu: The Seven Inner Chapters and Other Writings from the Book Chuang-tzu*, London: George Allen & Unwin, 1981;

Later Mohist Logic, Ethics and Science, Hong Kong: The Chinese University Press, & London: University of London Press, 1978; "Chuang-tzu's Essay on Seeing Things as Equal," *History of Religions*, Vol. 9, Nos. 2–3 (combined issue), November, 1969/February, 1970, The University of Chicago Press, pp. 137–59.）而且赤塚及 Graham 皆沒有注意到一件很重要的事：莊子沒有遵循當代的神話及想法（概念），他只自由地運用它們。再者，諸多注釋家（如赤塚忠、福永光司、憨山大師）專意注重莊書裏的「一」，「無」，反「多」，譏刺人間日夜心鬥坐馳，以致將這些句子為主而解釋莊書裏一切話語（憨山，《莊子內篇註》；福永光司，《莊子》，上、中、下卷，東京：朝日新聞社，1966–1967；赤塚忠，前註已舉），解釋某句時，他們又常傍看其他當代書籍及莊書的其他出處，完全不逗留於那句本身，深深地冥想那句。結果他們提出的莊書傾向含混的脫世，虛無主義。他們的莊書已經缺乏它原有的英邁的魄力，親切的體察，引深的隱晦，驚人的鮮活。

　　這些事告知我們，考證訓詁有其否定性的用處，以這些基本工作我們可以略定莊書裏的句子有何種意味，我們的解釋「不能」超越這意義的圈限之外，將與當時完全迥異的意義歸與莊書句法。可是這意圈只是個大略的。如上所說，我們不能說因為當時作者用這句子如是如此，所以莊子絕對用這句子如此如是，一點沒有更改。當代的人也是與今天的我們一樣的人，莊書的目的是要用荒唐之言使他們震駭脫出錯誤的人生觀。

　　因此我們凝視沉思莊書句子時，⑴要以共同的人性共感，以致悟解莊書全盤的意境。⑵同時這種感悟又不能逾越長期的樸學找出來的意味圈限，總之，主觀的感悟與客觀的訓詁合而為一，我們才

可以真正地了悟莊書哲思。

二

　　陳啓天在他的《莊子淺說》的引論中說學習莊書有三個困難——考證古代版本，闡解其句意，是其一，釋義古怪的故事，是其二，悟認其哲思晦義，是其三。解決第一困難，是解開其他兩困難的鑰匙。因此眾多注解之書紛紛群起。陳啓天以為郭象、焦竑、郭慶藩，及錢穆諸氏之注最佳。

　　我們當然同意讀莊書至少有這三重困難。我們了解莊子的意思，非經過原文詁釋不可。可是只在原文文字上下工夫是不夠的，我們要再進一步探求其含義及哲思。很少人在這層次下工夫。

　　莊書原來要攻擊我們的慣習習見。很可惜的是，久而久之，被謄寫者及崇莊者屢次修訂，到現在幾乎無法復歸原文。而且更麻煩的是莊書要攻擊我們的常識，可是這常識正是我們考證訓詁的根據。樸學由是有三個危險：（一）如我們全靠一般考據的方法來刪除「不可解」的文句，調換「無相干」的文詞，則我們會得平淡無精采的文章。（二）如我們遵崇全文，完全盲目接受現存字句，則我們只能無責任地逐字宣誦而已，一點都不了解其中有什麼意思。（三）如我們將「有意思」的文句與「沒有意思」的文句互相織成一套無縫的全文，則這本莊書成為無味掩遁性的曖昧文章。大多數的英譯本（Giles 的，Legge 的，Watson 的）接近第三危險；Giles 特異地接近第一危險；很多中國的注釋家接近第二危險。我們可參考訓詁考據之研究而避免第二危險，又以我們慧悟明辨來預防第一危險，這樣，第三危險就可以自己消失了。

　　不幸地，這些話容易說出，卻難以付諸實行。例如 Graham，他想要避免第二及第三危險，而陷入第一危險，也增加了冗贅的術語。現只拿 〈齊物論〉 為例。「是」 字 Graham 翻成 "'That's it' which goes by circumstance"；「為是」譯成 "'That's it' which deems"——真是又複雜又無聊！其實這兩字句本是日常用語，被辯士及思想家採用，可簡譯為 "yes" "this"（「是」）及 "for this reason"（「為是」）。

　　上舉的三個危險都來自看莊書作莊重的學術性的論著。注釋者及翻譯者都一再地忽略莊書裏所提出的莊書本身的寫作原則，即：「莊周……用迂遠無稽的論說（「謬悠之說」），廣大虛無的語言（「荒唐之言」），放曠不著邊際的文辭（「無端崖之辭」）……不用一端片面的看法。他以為天下沉迷混濁，不能講述莊正的言論，所以用變化不定的言辭（「卮言」）而推衍到無窮。以引重的話（「重言」）令人覺得是真實的。以寄託虛構的寓言來闡明他的學說。……他的書雖然是宏壯奇特，但宛轉說明，不妨害大道；他的言辭雖然虛實不一，但滑稽奇幻可觀。」（《莊子‧天下篇》，黃錦鋐先生的翻譯文）

　　約言之，莊書的目的是要暗讒我們一般的因襲慣思，用隱喻謬說從背後刺謗世間的常識的。因此，我們的了解莊書，不能只用板起面孔的學術可達——無論是考證訓詁，社會文史，或文化哲學。我們又要加上充分的了悟敏感方可——無論是文句上的感觸，或是哲思上的了悟。

　　關於莊書至少有五個問題可查問：

　　一、莊書在說什麼？

　　二、歷代的讀者關於莊書在說什麼？

　　三、莊書的說法如何？（莊書怎樣地說的？）

　　四、莊書的本意何在？

　　五、莊書為什麼這樣地說？為什麼說這些內容？

　　絕大多數的注解都關涉釋莊的傳統（第二問）。（宣穎、郭慶藩、錢穆諸氏的注解是它們之類中最出色的，胡適在他的《淮南鴻集解》的序文說：「整理國故，約有三途：一曰索引式之整理，一曰總帳式之整理，一曰專史式之整理」，索引是關於字句，總帳是集注集傳集說，專史是用類別或時分著為思想史。胡氏的〈校勘學方法論〉，也值得一看，載於《胡適文存》，第四集，第一卷。近來莊書樸學的書多得不可勝數。例如王叔岷的《莊子校釋》（二卷）及《莊學管闚》，張成秋的《莊子篇目考》，郎擎霄的《莊子學案》，蘇新鋈的《郭象莊學平議》，馬敘倫的《莊子義證》等。較早的有朱桂曜的《莊子內篇證補》。）

　　有幾氏涉及莊書的內容及文體。（黃錦鋐先生頗有卓見，例如他的《新譯莊子讀本》及《莊子及其文學》等是。）這是關涉第一，第三問。

　　很少人寫到莊書本意（第四問），這常被與釋莊傳統（第二問）混合。至於為什麼莊子寫這些內容，他為什麼用這種奇特的寫法（第五問），則完全沒有人顧及到了。這個問題常被埋沒於歷史背景的描述裏。在莊書這卻是很嚴重的事。

　　很多哲思家（荀子，朱熹）我們可以同視其所言與其所意而了解他們；我們可將第一、四兩問合而為一，由而也不必將其所意（第四問）與其所以然（第五問）分開。這就是普通研讀一般學術性論著的方式，很是直截了當。可是莊書用放曠的謬論及曖昧的隱喻來惹喚讀者的省思熟慮。在莊書裏其所言不必就是其所指義，重要的不是其所意，乃是其所惹起於讀者心中。莊書釋義困難的所在——也是它奪魂迷人的地方——就是在此。莊書要求我們讀者的參入相

纏。上舉的五問就是源自這種讀者之相纏性。

　　這並不是說莊書沒有定言或說其文意無關重要，乃是說其言指引其所喚起於讀者心中之另意，因而，讀莊感想有其特定的範圍，可是這種讀莊觀感不能完全預測，莊書因此可說是個活生生的書，有其個性的活書。

　　當然所謂「莊學」我們是有的，可是如果我們以為因為朱學幫助我們了解朱熹諸著，莊學也必會**一樣地**幫助我們了解莊書，我們就會失望的。莊學朱學之類的學問，大多集匯歷代讀者的種種解釋，是關涉上舉的第二問的。如只讀別人的諸多感想，以為它們就是莊書之意，我們自己不必再有我們自己的新感悟，我們就完全錯失了莊書本意。日諺所言的「讀《論語》而不識《論語》」（「《論語》讀みの《論語》知らず」），也是孟子所言的「盡信書不如無書」，這些名言特別適切於莊學。囚於釋莊傳統就等於閉於陳古之與現代不相干的「古人之糟魄」。

三

　　我們不能完全盲從釋莊之傳統，奠定歷代的諸釋為千古不易的標準。這樣一做，莊書就是死書了。就等於殺死一隻活龜，包在繡巾中，收藏在經典的太廟。莊書「寧生而曳尾」在活生生的日常曖昧之泥中呢。

　　莊子曾呼喚說：「蹄者所以在兔，得兔而忘蹄，言者所以在意，得意而忘言，吾安得夫忘言之人而與之言哉！」（〈外物篇〉的結語）我們通常所謂〈外篇〉、〈雜篇〉的莊書諸章句，原是早時應答這招呼而寫出來的。（為什麼這招呼本身偏要在雜篇裏出現，又是個很有

趣的問題。大概是這呼召莊子自己沒有明說，後代的讀者感觸到了，而把它明提，原來的莊子連呼招都沒有明招，他是招而不招，不招而招的。）集匯這群莊子早期諸友之言，就是今天我們手裏有的「莊書」。這種友善的應招，我們今天還要繼續下去。本書就是其中之一。

四

現在我們拿一個例子來想我們如何應答莊書的呼招才好。在〈至樂篇〉有個很清詼的故事。莊子到南方楚國途中，看到路旁有個空枯的髑髏，莊子停步，舉出幾個不幸遭遇，向它質問其死因是否其中之一，問完，就枕它而睡。夢中髑髏出現，責備莊子談似無謂之辯士，只貪生，一點不體諒死者永遠的快樂。莊子不相信，問它要否莊子求管掌生命的神靈來使它回生享受親朋團聚之樂。那空枯髑髏憂愁地顰眉說：「我怎能放棄帝王似的快樂來再次負擔人間的勞苦呢？」

我們至少有十點可談：

1.學術上的討論也許會如下地進行：諸多莊學家、注釋學者必會說這故事一定是出自後代的莊子朋友，因為：(a) 這故事出世頹廢的氣氛太濃厚了，不像莊子通常入俗的悅樂。(b) 尤其最後的場面明示記者的笨拙，這個記者竟不意遺忘空枯頭骨沒有眼眉可皺，當然也沒有口舌可談、腦髓可感、可享、可思考，其他關於庸劣的文體詞句等事，更不用談及了。

2.可是我們如遺棄這些基於常識的論議（反正莊子本要抨擊通常慣思的），而直接味讀這個故事，我們就可感受清風微微地吹通**我**。

們自己的頭蓋骨,我們自覺解放無累,切實感到我們到今天一直是帶著頭蓋骨活著的,我們一直活著,皺眉著——猶如只帶著頭骨,其外別無他物似地。

然後我們忽然醒悟了——這故事本是為了**我們**活人寫的,針對我們這樣帶死活著的人。這故事究竟還是屬乎此世,深深入俗。作者之讓空枯髑髏顰眉的這記事將這故事結連活人的世界了——因為活人有頭蓋骨也有眼眉。這樣一來,莊學諸家的種種議論都可忽略了。

3.可是這些莊學諸論,並非完全無用,它們之墨守常識可惹引我們注意到這故事之乖離常識。這乖離警惕我們去注意作者的本意,深化我們自己獨特的欣賞冥想。

4.無論如何,我們如看第六 (6/45 ff),第十八 (18/15 ff) 及第二十二 (22/9, 77 ff) 諸篇,就可知道上舉第二點所描述的看法吻合莊書的統意。

5.我們可繼續引長第二點的思線,這故事的本旨是要我們欣賞享樂我們帶死的生活,這與西洋實存哲學家的氣氛大有迥異。齊克果 (S. Kierkegaard) 說人生大多是失望,而失望是個「致死病」。卡繆 (A. Camus) 說人生是荒唐無稽,因一切成就都崩壞於死亡裏。相反地,莊書要我們「生」於死中,由是而享樂人生。

這種生法也和佛教不一樣。佛教要我們在日常生活中生猶如「已死」,因萬事皆空,空到連「空」字也空無意義,所以連自殺也是不必去做的無謂之舉。總之,佛教的基線是死,在死裏生是毫無意義,我們活著,實在說來已是死亡無跡的了。相反地,莊子的那髑髏顰眉而注視(?)享樂,它與天地同**生**,與天地共為春秋,直享南面王樂。如此,那空枯髑髏一直活下去,而莊書提供的就是這個空髑

之活，當莊子敲著髑髏而枕睡其上時，它的悅樂反響鳴入莊子全身，這反響我們稱為「夢中對話」。

6.可是到底**誰**是這故事的作者呢？我們不能說是後代的莊子朋友或門徒，因為這種對話是頭蓋傳響頭蓋，完全是私人密談，除莊子本身之外沒有人會知道的。「莊子」可能是〈齊物論〉末了的那蝴蝶夢的「莊周」一樣，是個「我」，是可視可談及可確認的客體自我，而與髑髏對談的必定是真確先驗的主格自我，是個開始齊物論的「吾」。

換句話說，這髑髏對話必定在頭骨之「我」與先驗，識主之主體「吾」之間發生的。這個莊子本身的自我對談以後漏洩於莫逆心的朋友中，相視而說：「誰能把『無』當作頭，把『生』當作背樑，把『死』當作背尾，誰悟知生死存亡是同一體，我們就與他做朋友。」（〈大宗師〉6/46）這種對話是自我共響自我，也由是而自我共響他我。

我們大家都沒有例外每晚枕在自己的頭蓋骨上睡眠，由是我們知道這談話是普遍的，每晚發生的，延續著那結束〈齊物論〉的蝴蝶夢的快樂，也在延續著那開始〈養生主〉的歌舞解難如庖丁解牛的自悅。

7.那枯空的頭骨的快樂是沒人可奪取的，它為什麼快樂呢？有三個原因：

a.雖然也許棄在路旁，世上沒有「一般的頭骨」，頭骨永是某某特定的人的，我的頭骨永遠是我的。

b.因為它是枯乾的，這種東西連魔鬼也不管，當然鷹鳥、地蟲、豺狼，都不理它的。

c.它的枯乾，是出於它完全沒有東西在內，它是最空洞不過的，

然而它還是我自己。這是最空虛、最低層的我，我（它）沒人可再壓制了。我（它）是無敵可畏了。

終之，這頭骨是我自己，沒人夢想到要把它拿走，這是我終究的空虛，終究的自我，終究的安全處——因此，它是我究極的喜悅。

是什麼喜悅？現在既然皮肉俱脫，血流全枯，它已不會再衰老了，永遠可以與天地共掌四時了。

「以天地為春秋」是它輕易地拋出來的一個妙句，來描寫它不可言喻的快樂。「天地」是自然；「春秋」是四時。「以自然為春秋」是讓自然自轉——一個時季再過一個時季，使每個角落自成於每段時刻，把時空捲成為一，約言之，是要「物物」。這個快樂是無論什麼時季都絕不被宇宙或人生的浮沉打擾攪亂；全宇宙反而是它的快樂的原因。

「用天空及全地來造就春秋四時」，說了路旁的髑髏——它是在人生任何路中的死亡。死亡常在我身旁，猶如每季每天覆蓋我的天空，每時每刻載育我的大地。每天又是宏永猶如上天遍地，我**就是**我的頭骨，一直安寓於九天九地，安居於日日庸事中，生在死旁正如死在生旁，因此我如欲生，則我也須欲死，與我頭骨同生在任何人生的路旁。然後我的生活就會與路旁空骨同樂，同「以天地為春秋」了。

空頭骨的這句話描述，不，呈示它的快樂。這是怎麼說的？我們可以從兩方面去看。

首先，我每一個經驗的每一瞬間，是在時空氣韻中的一事件，這是那詩句「松風」所表現的。「松風」是空間（松）及時間（風）的共起、共溶，這是個經驗上的「渾沌」。我們抽出、按排，而闡釋字句——「松間的風」，「風吹通松間」，這樣一來，那經驗的原始具

體的整體性就丟失了。原先拍來的經驗就是「松風」，不能隨便改竄的。它只能以我們感性、背樑、全人生來感受的。

其次，當這種不可分析的整個經驗成為宏大如蒼天田野，久遠如四時之旋轉不息，則這種經驗就造成全宇宙的殷富天府了。這就是那路旁髑髏的悅樂。它的主格是完整的（它是某定人的頭骨）。它的窄僻的主觀卻已空化了（它是死人的）。因此它有的是純粹的經驗，完全沒有血肉身世帶來的歪曲及係累，如疲倦、厭煩、自私。

昆蟲們為要避免夏天的炎熱、濕雨及冬天的冷風（如牠們冬時尚在），一定用這髑髏為躲身處。野鼠也許從它嚙缺一點鈣質，而發現它不如鹿角美味。而它們都死去了之後，它本身還在長存著。梟鴿向半睡的雲間月亮遠噓，反響在它裏面。半埋在散吹的沙塵之中，這髑髏混入曠野風景。

如此，這枯骨永遠凝視天空及原野，悅樂地以它們為四時，它「無責於人，人亦無責」。它有的是「無樂至樂」，這至樂是帝王、富翁、道德家、隱士都尋找過的，卻都沒有找到。這至樂春天一到就自己來跟頭骨同住，秋天一到又來與它同住。如此，一切的變化都通為一，天下安藏於天下，這種至樂也是我們的，只要我們與我們自己的頭骨同住。「與自己頭骨同活」等於「一季節再過一季節地與天地同活」。

所以，親愛的讀者，如你悲傷或被傷，與你頭骨皺眉枕它而睡吧。你不久就皺不了眉了，一季節再過一季節地，像你自己頭骨，與天地同活吧。

這是佛教的倒置，佛教說一切事物只是五蘊的會集，而五蘊本身究竟不外乎是我們自己的幻想，這就等於一切皆空了。莊子說事物好像是很多的籟響，這些樂音出自萬物及其成分的聚擦——金木、

穴孔、震響。音樂是美好的，萬物是美好的音樂，而這些美好的事物是由它們的頭骨——它們無生命的成分——而構成的。萬物就是頭骨的音樂快樂。音樂是美好的，而美好的萬物來自它們的頭骨，它們無生命的成分。頭骨及悅樂，無生的及有生的，萬物及天地——這些成對相換化，相成全，都是真有的，美好的，這些事物真是美極了。現在你的傷痛到那裏去了？

8.可是，以上這樣的描寫「以天地為春秋」，就說盡其含義了嗎？也並不見得，以上的描寫屢次將「手段」意味的「以」混淆「相與」意味的「與」，將「以為」的「為」混淆「作為」的「為」。這些混淆顯示莊書的文體。這怎麼說？

「以 a 為 b」這句通常有兩義：(1)「用 a 作材料去作 b」。在這裏，就是「用天地作材料去作四時之循環」。這不是「我們的春秋與天地一樣地永遠不息」（Watson 譯文）或「與天地同參與四時。」

(2)另一含義是：a 本來不是 b，但現在當作 b，如「以他為父」或「以敵為友」。a 本來不是 b（「他」不是我的「父」親，「敵」人也不是「朋」友），現在卻當作 b 看。

從這言語慣習，我們可以看出莊書的「以天地為春秋」這句話之逆理性。我們可以舉出三點：

ⅰ.(a) 此句在暗示說「天地」本不應該與「春秋」同一視，現在卻將它們當作有關係的了。(b) 但反過來想，有什麼比關連「天地」「春秋」於一體更妥善的事呢？Watson 的譯文（上舉）並不是完全無理的。(c) 但又再想回來，「天地」屬於空間，「春秋」屬於時間，「以空間為時間」是好像「以顏色為重量」，雖是俱屬現實，總覺有點格格不相入。總之，我們看到莊書的這句似妥而非 (c)，似非而妥 (a, b)。

ii.莊書是否以為 (a) 髑髏是宇宙的「宇」（天地）與「宙」（春秋）的結節點呢？或 (b) 髑髏在喜悅全世界的韻律化呢？或 (c) 髑髏一直「相為於無相為」，「無為而無不為」地參與宇宙的季節化呢？

iii.總之，「以天地為春秋」這句話既是顯然又是隱晦，既是私自的又是有宇宙性的，既是悅樂又是自然的。

9.有些莊學家聽了以上的默想也許會說這些都是無稽之談。因為「以天地為春秋」一定是由原文脫落而來，原文一定是「以天地為 X；以 Y 為春秋」，而我們今天無法知道什麼是 X，Y。把缺文當作全文討論是無助於事的。

這些莊學家又會繼續說，大體來講，(1)整本莊書滯積訛誤不堪，無法知道那一論點結連到那一篇的議論，而這種缺陷在這種議論性的書是個致命傷。(2)因為不知那些字句是真實的莊子的話，那些字句是後人加上的，我們根本無法知道莊書到底在說什麼。(3)今天我們只能將現存的莊書與《淮南子》書裏的諸章句比較（《淮南子》書早於郭象版的莊書，比較可靠）。譬如說，如果《淮南子》有「a–b–c」的章句；我們現存的莊書有「a–c」，則我們可以把「b」加上莊書。

我們的回答如下：針對第(3)點，我們可說，「b」段本身或許也是淮南氏的（或別人的）加筆。而這疑惑，儘管我們花費全力去考據訓詁查詢，也永遠沒法完全解清的。針對第(2)點，我們可說，訛誤的缺文，並不是完全不可了解。由它我們尚可體味到莊書的大意，以及莊書風格與孔孟之不一樣。

對第(1)點，我們可說，我們追求莊書完整的原文，是因為我們以為了解莊書，非有完整的原文不可。可是由我們對第(2)點的回答可以看到，莊書的特殊，在於我們不必全解全書，因為莊書主倡「相

異」。後代的改刪原文，可能反而加強莊書啟發讀者的力量。

當然啟發有兩種：對的，與錯的。錯的啟發不深刻，也不能令人通融活用。這是分別兩種啟發的準繩。例如〈雜篇〉（尤其第二十八到第三十一篇）也呈描了莊子，可是這幾篇的莊子一直無聊地厭世罵孔，不像〈內篇〉富有雙刃性的微妙晦意，閃鑠著不可預測的深長意味。

這位莊學家又好像以為樸學是完全可靠的，真的可以產出完整的原文。可惜的就是例如 A. C. Graham 所補修的章句 （尤其看其〈養生主〉）反而散漫、無味、難解。這表明考據訓詁的有限。胡適又說了，如果沒有真的發見原本，我們完全無法確定原文的真面目的。（胡適，〈校勘學方法論〉，轉載於《胡適文存》，第四集，第一卷，遠東圖書公司出版。）

而且有時連刪除也要小心進行。因為某段文章之風格，文詞的特異，不一定就是後代加筆的明證。前後文句之相乖，或許就是著者故意所為，資以誘掖讀者自想的。

胡適的見解，值得一提。他說證實古文，必須有古本的依據。「最可靠的是根據最初底本，其次是最古傳本，其次是最古引用本文的書，萬一這三項都不可得，而本書自有義例可尋，前後互證，往往也可以定其是非」——我卻以為在莊書用這最後的方法有時也有不可靠的地方。胡適又說，「最好的方法是排比異同各本，考定其傳寫的前後，取其最古而又最近理的讀法。標明各種異讀，並揣測其所以致誤的原因，其次是無異本可互勘，或有別本而無法定其傳授的次第，不得已而假定一個校者認為最近理的讀法，而標明原作某，一作某，今定作某是根據何種理由。如此校改，雖不能必定恢復原文，而保守傳本的真相以待後人的論定，也可以無大過了」。除

此以外，「雖有巧妙可喜的改讀，只是校者某人的改讀，足備一說，而不足成為定論」。

推理的論證是要不得的。「凡沒有古本的依據，而僅僅推某字與某字『形似而誤』，某字『涉上下文而誤』的，都是不科學的校勘……校勘學的方法終不能跳出這三步工作的範圍以外。」

我們有時「主觀」地發見「不可解」或「可疑之處」，有時由幾種相異的「本子」而「客觀」地發見某本子有錯誤。但「主觀的疑難」也許「由於後人不能理會作者的原意，未必真由於傳本的錯誤。況且錯誤之處未必都可以引起疑難」，我們千萬不要因疑難而憑己意增刪改削，成為文從字順的本子，因為這樣一來，文愈順，原本愈難發見（《校勘學方法論》）。古本要如此小心，莊書更要小心。

莊書原本據劉殿爵先生所說，已經無法獲得了，這也不是沒有理由的，普通所謂「推理」，就是基於人們共認的常識而推論，而由現存的莊書本子已可看到它的目的是要悖逆俗「理」以回常理。當然一般校正抄寫的人會以為這種逆理的文句必定是前人抄錯，就據俗理己意而更改增刪。不料一改完，文章顯得愈不像樣，不自然，不合乎上下文了。以致後來校勘抄寫就不得不愈呈其屬，直到今天幾乎無法溯源搜得原初本子了。

因此依我們的公「理」看，莊書是「殘缺不堪」的，可是這情形反而證實莊書特異的性格。我們絕「不可以意輕改」（胡適）。如果我們反而虛心觀察現存的本子，就已經有夠多的新得了。這不是說我們不必參考校勘的諸書，乃是說參考時不要 (a) 盲從其說而妄改文字，又不要 (b) 忘記由此點出發而入詮釋。

最簡單的例子是〈養生主〉裏庖丁解牛後「善刀而藏之」的一句。這「善」字幾乎每個莊學家都解為「飾」（古字）或「拭」（今

字）（郭象、林雲銘、馬敘倫等）。另一群學者解成「繕」（王闓運）或「收拾」（林希逸）。他們都沒說他們如此詁釋的根據何在，也沒有涉及莊書為什麼偏要用「善」字，不用「飾」字。

如細讀〈養生主〉全篇我們就會看到作者很小心地把「善」字放在篇中諸要點：「為善無近名」——當然庖丁解牛的卑職不會有「近名」的危險。「善哉」兩次——表明文惠君的讚美是自然由內心而發，完全沒有其他意圖的。「中神，雖王不善也」——籠中鳥，雖撫育如王（或：旺盛），傷其精神，不是善好的。「善」字既在〈養生主〉有這種要義，當然莊子會用這字去結束這庖丁的故事。這樣一來，整篇的前半整理出來一個「養生」於難中的「主」調。而「善刀」一短句總括其要旨——「善」隱指養生，「刀」隱指患難。在此，「善」字是最適當的一字。這種構文上，意會上的分析，沒有一個莊學家作到。

再舉一例。秦失只以三號弔老聃之死，人問他為什麼這樣弔喪，他答說：「彼所以會之，必有蘄言而言……者。」林雲銘說：「彼指老子。」郭慶藩卻說：「彼，眾人也」。陳壽昌也說：「彼謂弔者。」他們卻都沒有說明他們為什麼這樣詁釋，更沒有說這樣一解，文意會如何改變。再者，沒人注意到秦失的一句話：「少者哭之，如哭其母」。老子明明是個男人，為什麼他們「如哭其母」？「如哭其母」對老子的教訓又有什麼深刻的錯誤？這些重要的莊學問題竟沒有一個人提到。我們讀者必須費時細心去領會。（關於這些問題，看拙著 *The Butterfly as Companion: Meditations on the First Three Chapters of the Chuang Tzu*, Albany: State University of New York Press, 1988, Chapter 3.）總之，經過一番校詁的準備工作後，我們要進一步細讀冥想，以得其中晦意。

　　因此，我們要預防兩趨極端。一極端崇義理拒考據，如戴震 (1723–1777) 說：「以六書九數等事盡我，是猶誤認轎夫為轎中人也」（《戴東原集》序）。求莊子於一字一句上是個「惑」。另一極端是崇考據拒義理，如袁枚 (1716–1797) 說：「六經者，六聖人之文章耳」（〈答惠定宇書〉於《隨園文集》卷十八）。又如錢大昕說：「訓詁者，義理之所由此，非別有義理出乎訓詁之外者也。」（〈經籍纂詁序〉，《潛研堂文集》，卷二十四。）義理就無自立的餘地，也不必存在了。然而這樣的義理考證相譏視，「則義理入於虛無，考證徒為糟粕」（章學誠，《章氏遺書》，卷二十二，《文集》七）。我們一方面不可空言義理，必博證以實之，另一方面又不可徒滯訓詁，必予曉悟以達道，如姚鼐說：「兩者異趨而同為不可廢」（〈復秦小峴書〉，《惜抱軒文集》六）。

　　10.「浸於莊書章句對哲思何有所助？」此問題直指哲理詮釋學的核心。我們與莊書內的空枯髑髏之對話，可助答此要問。

　　哲思義理與訓詁考據（特別在莊學內）有不即不離的關係。因為一方面我們必須研讀古賢留下的文章，才可以了解他們的貢獻。我們一忽略歷史就由歷史根源絕斷而迷失於現代的亂雜蒙昧之中。研讀古文需以校詁判定它們在說什麼。在中國古賢之學，第一步是經文校勘。可是另一方面活活的哲思不能由死板地反復過去的思惟而得，只停留在所謂的莊學研究就是等於死藏在莊書煩瑣學的太廟中，由而丟失莊子活活的原意。我們學習莊書，必須活生生地察悟莊子的原意，活在其中。

　　真正的莊學就是對待莊子的活枯頭骨的藝術。莊書是枯乾的古經文，需要校詁的歷史科學去詮釋，可是這支古骨是活的，一直提醒我們說真正死了的是我們，不是它。

　　莊書的文句就是它所謂的三言──巵言、重言、寓言 (27/1-9)。關於這三言有三點可說：

　　第一，我們可以顛倒先知以西結（第三十七章）的故事而說，莊子空枯的頭骨一直站在我們面前，喊叫要我們活活地站立起來。這呼召就是巵言，一直向我們巵傾，警惕我們回到自己，呼召我們復生而好好地活於世上。很奇怪的就是要復生須要成為枯如槁木空骨──要喪我虛己而參與三籟互響。

　　第二，莊書空髑枯髏的經文，我們愈學習就愈了悟它在放射出古賢及世智的雙重線──它是「重言」。莊子的空頭骨成為我們的了。我們以我們自己的腦髓血肉來充實它，正如我們的骨骼穿著每日生活的血肉一般。

　　第三，這樣一來，我們就了悟現在活生生地站在莊書經文，我們自己，及現實世界的裏面。他的枯空頭骨現在在我們裏面向我們談話了。這種交談就是他的「寓言」，是真正名符其實的「莊學」。這莊學親切織合古文校詁於現世了解之中，使我們切身體會原文真意，直到我們不知道我們的了解莊書，了解自己，及了解現世，到底是莊子的還是我們的。

　　這樣，我們與莊書一起復活，而且復生於其空骨經文中。校釋學幫助我們應答莊書的呼召，由而我們甦生於我們自己及現世之中，之後再回到莊書的新呼召新啟發。

　　在這裏，「客觀地調查」莊書就等於遠離莊書。因為莊書那些不可左不可右的蒙昧字句挑動我們的興趣，愈讀校詁學的研查我們愈覺莊書深有奧義。我們深想莊書的文句而得很多可能的含義，有的似乎可信，有的則自相矛盾。每次讀莊書，我們每次有新得，我們一面活於其中，一面冥想新義，而在其間我們自己不知不覺地成長，

富於慧智了。這樣反復不息地與莊書交談於我們生活中，莊書空骨
由是成為屬乎我們的——這種實存交談就是真正的「莊學」。「而且
這種交談是不可言喻的無上至樂，是與天地四時同往俱來的」，我們
裏面的莊子枯骨在細聲耳語著。

第二章　莊書的詩意

一

第一章提到莊書是活書，要與讀者交談。因為莊書是富有詩意的，而這詩風引起莊書與讀者的交談。詩趣的特徵在於文意與文體相含蓄，上文與下文相照應，前義與後義相呼對，讀者與作者相交錯，由是全文全書一直向將來進展，沒有止息，沒有完結。約言之，這種多方多元的相纏絡，使讀者進入詩意的世界，與那種文章的詩境合而為一，成為自纏、自化、自創的運動。這就是詩意境界。

文意文體的相纏，就是說，所說的內容跟說法、體式相稱。說到美，文體也要秀緻，不能寫成一個公司或法律上的公告。

「上下文的相纏」就是說一篇文章的某地方引申說明另一地方，前後照應。頭韻、韻腳等的韻律稱為「詩節」，是這種文章結構上相纏的一個文式而已，帶有這文式的文章，也許可稱有「詩體」，帶有詩體的文章，卻不必有詩興、詩意。而沒有韻律的文章，有時也可以富有詩趣。「詩句」不必有「詩意」；有詩思的文章不一定押韻。

「前後義的相纏」就是說，文意自繞自展，一文的開始、中間，及結束互相照應，互相關聯，互相開展。

「作者讀者的相纏」就是說，這篇文章倚靠讀者呈出其中諸多隱意，有時相襯托，有時相對照。因此，這篇文章的含義是沒有止境的。

總之，有詩骨的文章常在自相纏絡，自相開展，自相傳遞，一直沒有止境，沒有終結，與列代讀者合一，由而自纏、自創、自新。

　　很多文士說：「莊書富有詩風詩骨」，卻很少人注意到這句話到底有什麼意思。莊書的詩情詩興在於其中諸思互織成網。某思義指向另一思義，形成一對，而這對思義又指向另一新義，這樣一直進行，也反轉退行。一叢叢的思義互照應互含蓄，編成一層層的意味。思義的螺線圈圈圈旋捲，繞回自己原處又捲入新方向，展出新境地。或者有人會懷疑「圈」字顯得過於線形之喻，有循環論法（以未決問題為論據）之嫌。我們就可以隨莊書說全莊書詩響共鳴，我們捲入其境，以致享生至樂。

　　在這共響世界裏，思義本身有韻調，這音韻喻示思義的含意。這種韻意莊書屢以小故事表示，因為故事有疊層、互纏、聯貫的意味，而且故事可以任意剪成斷片再混成互含互釋的集粹小品。總之，不管有否韻律，詩風之文就是這樣的文章。

二

　　可是，沒有韻律的散文怎麼可說是與詩有關係呢？散文怎樣才能富有「詩格」？要答這問題，我們要略看普通所謂的「詩」是怎麼構成的。普通的詩除了 (a) 公認之韻律及 (b) 句調相應之外，還有一個基本的成分：(c) 它開展到脫俗的世界，創造一個象外之象，景外之景。在這境地，意相如鏡應和，物我透澈玲瓏，數言統觸萬物，遺響妙震天外。如此，「詩」是 (b)，(c)；(a) 援強它們。

　　王夢鷗先生的近著《古典文學論探索》（正中書局，1984）第一章就考察文學定義。他說文學的定義有三：「事出於沈思，義歸乎翰藻」，「情性之風標，神明之律呂」，及「吟詠風謠，流連哀思者，謂之文」。他雖然認第三義為「最大膽」，可是他以後說，「後人過分重

視詩的體製，將其涵義說得太狹」。他引用韓愈的「文者，言之精也」及方回瀛的「詩者，文之精也」，之後下結論，說：「文學是近似詩一般的語言」，詩是「文學之本質……所謂詩者，也不是……五古七律」，凡是「回味『吟詠風謠流連哀思』的語意」都是詩（看 pp. 4–6）。

可是，有人也許還要堅持，散文到底缺乏詩的韻律音節，在「文」的世界，如何說明了解詩的韻律呢？

巴非 (Barfield) 說：凡言語表現都有音律。「一切文學初生時都有節奏……基於自然定期的律動」。後人就將這文章節奏規律化，編成韻律典則，由是所謂的「詩體」就產生了。因此「文」「詩」之別與真正的文學本質一無相干。他說世上有「詩」體的平凡散文（如 "On the roof/Of an itinerant vehicle 1 sat/With vulgar men about me..."），也有「散文」體的詩（如 "...Behold now this vast city, a city of refuge..."）。莊書之文屬於後者。

原來「詩」表志，表現內心的情意，以別記事的「書」。這廣義的詩由是可以包含「文」的最佳秀的，連記事文也可說富有詩意。太史公馬遷以詩文記史事，相似地，我們可以說太真人莊子以詩文記心事。詩興可說是自然情意的風波激起在文藻的池塘上。這詩風、詩波，與人定的韻律典則沒有多大關係。這情意風波有時可符合這些律則，有時也不必符合它們，因這詩波自有其詩韻。

莊書的文章自然地表現理想的實在，與我們人生深底的律動呼應，但同時過分荒唐無稽，無法把那些表現編成定律。巴非 (Barfield) 說：「最早的詩律，與最早的意識一樣，是自然界賦與的，自然界本身永恆地律動。我們若要了解韻律的起源，必須溯源到最古昔的時代，當時人們不只在腦子裏意識，他們的意識與心臟的律

動，及血液的脈動相應，當時的『思』不僅關涉自然，當時的『思』就是自然。」(Owen Barfield, *Poetic Diction*, Middletown, CT: Wesleyan University Press, 1973, pp. 41, 48, 146.) 莊書就是屬乎這原始時代的表現，難怪莊書影響中國文學既宏且遠。不關涉莊書，我們幾乎無法了解中國文學。

三

可是，韻律一事到底如何是好？聞一多在他的《神話與詩》(臺中藍燈文化事業股份有限公司，pp. 184–92) 說古時詩言志，「志」即停止蘊藏於心內，情意之表達即詩、志。志有三個意義：記憶、記錄、記念。三義皆用韻語，易於記誦 (如歌訣)，早期的志沒有不是詩，詩記事，是一種韻文史，誦者相響應，便有韻調，這響韻自然地發生又自然地消失，後人把它們中間幾個韻式記錄下來，制定了五古七律的韻律。沒有這種制定的韻律就稱為散文。

散文記事，詩韻藉以誦志。讀者應和，響韻就產生。有些散文特別富有響韻，這種文章沒有特定的五古七律，我們如果就說因此它沒有詩意，就是等於說蘇格拉底沒有邏輯，因為他沒有用演繹推論的術語。莊書的文句富於韻響，影響後代的詩人特巨，我們不能不說莊書富有詩意。

四

既然莊書有詩意，這點與莊書的哲思又有什麼關係？舉凡中西哲學家都默認莊書的文學價值 (富有詩趣) 與該書的哲思毫無關係，

一直抽出該書的哲學意想，猶如羅馬的詩人兼哲學家魯克雷雕斯 (Lucretius, 97–35 BC) 所寫的一哲學名著，《自然物性論》(*De Revum Natura*，或 *On Nature*)。該書涉及森羅萬象的形而上學，是完全以韻律的格式寫的。難怪魯氏屢被稱為西洋的莊子。

其實莊魯兩氏的作風迥然相異。雖然魯氏的韻詩是遵照當時的拉丁文詩律寫成的，我們卻下而不管魯氏的詩體也可以了解其哲學內容。基爾氏 (R. Geer) 的英譯本中肯、優暢，而明晰，由而可得到魯氏哲學無遺。可是這英譯本是以散文文體寫成的。(*On Nature by Lucretius*, tr. by Russel M. Geer, Indianapolis, IN: Bobbs-Merrill, 1965.)

相反地，莊子的文章彌漫詩意風格，其詞句卻一點不遵照詩詞格律。但是莊子的「詩」興與「思」想緊密纏合組成一個有機整體。如不踏進他的詩情意境，我們就完全無法體悟他的哲思心意了。

再者，魯氏的詞句細密地推理論議，織出一個「無感」 (ataraxia) 的世界，描述沉默原子組成的毫無生機的機械性的宇宙。莊子的詞藻卻似論而非，似諷而論。其徜徉諧隱的論調一步步地誘導讀者進入在宥物化的境地。

這樣，魯氏的哲詩反而襯托出莊子的特異。沒有一個哲學家像莊子那樣用飄然自適的詩情及荒唐諧諷的歪仿去推究他的冥想哲論的。莊子的哲理很特殊，我們不進入他那詩喻的情境是無法體悟到的。

莊子與普通的哲學家不同。詩趣不是他的描述手段，而是他的思路本身，他的思惟核心。林語堂說得好。他說莊子深奧的時候，他是輕佻的。相反地，莊子輕佻的時候，他是深奧的。("He is frivolous when he is profound, and profound when he is frivolous." Lin

Yutang, *The Wisdom of China and India*, NY: Random House, 1942, p. 627.) 莊子之輕諧戲謔，逗人嬉笑，正是他意味深長之時。相反地，如莊子論得嚴肅正統，莊重淵博，他就是在歪仿側諷的。

　　由是可見，莊子的文章是詩情，歪仿，與哲思三者合而為一的有機活體。第一我們要注意的，就是他的冥想玄思，是完全彌滿著詩意的。他的一詞半句，都完全浸潤在有奏律、雅韻及詩興的大天倪的意境的。莊子之文，雖然全具散文的形式，而他的一種虛實曼衍之風格，實在等於詩歌詞賦。（參看瞿兌元著，《中國駢文概論》，香港南國出版社，p. 4。）莊子的文章句法，雖然不遵照一般所謂的詩詞格律，他的思線卻一直循著人生實情的韻律而進展的。他的文章生機勃勃地反映大自然天放的脈動，而這種天地生機的脈律就等於生命本身的律動。一接觸莊子的這天然的韻文，我們自己的生活也不知不覺地自然化、律動化，而鬆弛自由了。

　　莊子完全不被一般通用的概念束縛，一直任意運用它們。這是等於輕鬆滑稽地歪仿當時各派的哲學，由而警惕指向真正的人生。在莊子手裏他們的理論、概念、見解、術語，都自由奔馳，活躍地實在化、現實化。

　　這些話很抽象，一個實例可以幫助我們了解。人生實情有時出乎我們意料之外。貧窮的環境我們以為會剝奪生機，可是窮困有時也會教化。東洋振興的文化，就是從貧困產生的。當然我們中國有陰陽說的理論可以描述這陰貧陽化的文明史實。而這互否相依的陰陽關係與黑格爾相鬥的辯證法又不相同。不過這陰陽說只是個描述，不算是闡釋。這個「互否的合一」到底如何說明是好？莊子以「詩」的角度去解釋它。他看「互否」互纏成一貫、一體，把「否定」的要素認為某一事物本身裏互映互照的一成分，猶如蔭影襯托輝彩，

前者形成後者的一要素。

　　這種詩性的化一，有時要以仿某者而指他者來呈現，這就是莊書的「歪仿」(parody)，以某者表現他者，而以兩者來隱示太一。

　　這種活動不妨統稱為哲學哲理哲思。哲思可有兩途：我們可以創造首尾一貫的思惟系統，也可以體察實際人生裏無常的隱義，將它表達出來，使人了解。莊書的哲思就是依照後者一途而行，前者一途就自然而然地成立了。莊書讓系統性的思惟自然地長成一個境界，在裏面我們可以自由悟察人生宇宙的玄義，這是自然不加思索的哲思，一種「具體的哲學」(Gabriel Marcel)，精妙的哲思集粹以闡解人生諸多混雜的含義。

　　這樣一來，在莊書裏詩化、歪仿及哲思三者幾乎成為同義語了，莊子詩哲性的歪仿使各人己身，各自悟察及每天生活各復其根，由是組合萬物為一體。怪不得莊子的筆法如兔似魚，活得不可捉摸，一直警醒我們要每天靈活如牠們。

　　莊書不是鏡花水月般的暫虛詩集，乃是急激的思想意味所逼而凝集出來的很完整、很高尚，獨創的藝術作品。在此，一般的社會病證結集成為個別的具體的事件短描，其意趣好像地下的火直噴衝出，一噴出了卻顯為如泉水似的冷靜幽默，莊書的熱諷成為愚蠢的可笑，它的吸引人、逗人的那笑成為笑中之淚，成為毛骨悚然的警惕。難怪莊書的筆勢影響了韓柳雜說，直到近代的魯迅、朱自清。

　　這種曲筆常會使一般讀者誤解，因為這是散文詩體，是詩文文筆一致，詩人戰士合併的產物。裏面有的是由嚴肅的熱腔湧出來的淡漠的理智幽默，由熱望將來產出來的悠然天放，這是形式、筆法、情趣、理智打成一片，不漏縫隙的理趣結晶，讀者一時無法顧及到它多方面的筆勢，甚至很多相反相纏的含蓄隱意；以致只抓到幽默，

忽略其中的嚴肅，只看到可笑，錯失裏面的熱腔、冷悚，只碰到經
驗，沒有體諒其中深刻的玄妙至理。因而歷代多端的誤讀就接踵而
至。

第三章　誤解莊書

　　前章說明莊書富有詩意。由這觀點，我們可以看出兩點關於莊書的意義，是前人沒有意料到的：第一、莊書在我們現代的世界警醒我們回到自己。莊書源自中國，但不僅屬乎中國，它是呼喚普世的永恆古典名著。由是，第二、前人都誤解了莊書。在本章（甲）中，我們看普通對莊書的誤解，在本章（乙）中，我們看莊書是世界性的名著。

　　（甲）　在思想史中，柏拉圖 (Plato) 比莊子幸運多了。懷特黑 (Whitehead) 大膽地說：全西洋哲學形成註解柏氏的一連串叢書，可憐的莊子卻連悲劇英雄也做不成，詮詁莊書的都是一連串的誤解。太史公司馬遷總描了這事如何發生。《史記》說：莊子「善屬書離辭，指事類情，用剽剝儒墨，雖當世宿學，不能自解免也。其言洸洋自恣以適己，故自王公大人不能器之。」莊子苛刻地攻擊當時宿學的基本前提（如儒、墨、辯士），他們既無法不理睬他，又不能反駁他。很可惜地，他們沒有虛心接受他的警告，自反察己，反而細查莊子。莊子的詞句很像老子的口氣，所以他們說莊子只是老子之徒，「其本歸於老子之言」（司馬遷）。莊子詆訾孔子的敬事處世，由是他們說莊子是厭世遁世之士，浪漫棄世，是神秘黃老教之祖，中國佛教之始，其曖昧之說，明釋於禪佛之教中，故細讀禪宗，則不必讀莊子。總之，他們說莊子是個懷疑論者、虛無論者、宿命論者、相對論者，甚至是進化論者，由是他們結論說莊書是衰世之書，裏面挑撥煽動性的文句要用我們的常識去熨平，莊子是詭異、神秘、消極、誹世，作惡劇的賤士，不足稱為正統的哲思家。如此，他們完全錯過莊子了。這種誤解可整理成為九個：

一

　　最通常的誤解是說莊子是老子的註釋者，莊書的風格及志趣使
人想到《道德經》。《道德經》第十九章裏的一句，「棄聖絕智」，在
莊書第八、九兩章詳細敷陳，也屢次出現在莊書幾個地方。因此我
們也許會覺得莊子只是老子的門徒，師從解明老子的思想。

　　怪不得從范曄 (398–445) 以來人人都說「老莊」，好像莊子完全
沒有獨創的地方。司馬遷在《史記》也說：「其本歸於老子之言」。
林語堂由莊書斷取章句，套上《道德經》的各章，作為後者之註解。
(Lin Yutang, *The Wisdom of Laotse*, NY: The Modern Library, 1948.)
這樣一來，莊子的思想完全脫離原書的上下文脈，無法賞識其間思
索關係。這些事實正可說明他們認莊子為老子的註解者。

　　可是我們詳細一看，就會覺得莊子是個很詭異的「老子的註解
者」。莊書未曾提起《道德經》。雖然莊書的思想看似老子，在莊書
裏老子的話語卻屢次被放在孔子的嘴裏（如 21/66），也屢次詭斥孔
子的腐德主義（如 13/46）。莊子甚至敢提起老子的葬禮，且在葬禮
會場批賣老子！（看〈養生主〉）司馬遷說老子答應關令尹喜的強求
著書，「言道德五千餘言而去，莫知其所終」。陳景元在《道德真經
藏室纂微開題》裏說：「老子忽然騰空，冉冉升乎太微……游乎流沙
之域……」。這些記載，不拘真否，都在報示俗人尊崇老子，以為他
是長生不死的。因此，提起「永恆的老子」的葬禮已夠無禮了。莊
子竟敢在那葬禮場合批評老子！這明示莊子不是盲目師從的老子門
徒。

　　我們要注意一個重要的分別，解釋敷陳別人的言說是一件事。

借用別人的見解，活用它來表達自己獨創的新旨是完全不一樣的另一件事。柏拉圖 (Plato) 活用了普羅特哥拉 (Protagoras)，康德 (Kant) 用了笛卡兒 (Descartes)，朱熹也用了孔孟，來發揮他們各自獨特的思想。史家從來都沒有稱柏拉圖、康德、朱熹等諸氏為「註釋者」。柏拉圖不是普氏的徒弟。同樣地，莊子也不是註解者。

二

細讀莊書會幫助我們悟解禪宗；沉思公案，也會增加我們對莊書的了解。這是不可否認的。但我們不能由是而推論，說：莊子是個禪師。與其說莊子是禪師，不如說禪僧是披上法衣的莊家之徒，當然這兩說俱是無稽之談。

禪宗源自佛教及莊子的思想，它自然地呈示莊子的風味。從這點我們卻不能說：莊子是禪前的禪士，因為這已經是顛倒因果的謬見。我們如果用佛教的觀點去解釋莊書，那就更是謬上加謬了。雖然黑格爾 (Hegel) 影響馬克斯 (Marx) 的地方特別多，沒有一個西洋哲學家說黑氏是馬氏以前的馬氏主義者呢。當然也沒有人把馬氏流的註解認為正統的、真正的黑氏註釋。

三

很多學士以莊書為衰世頹廢之書，詢誨我們棄俗求苟安於危亂之中，這是第三個謬見。

莊書有些地方會給我們這種印象是不錯的，現存的莊書三十三篇中十九篇以悲憤的嘆語結束，〈內篇〉以渾沌的死亡結束，全本莊

書以「悲夫！」一嘆完結。莊書屢言虛無荒唐，又是容易被誤解為沮溺避世的原因，怪不得錢穆說：「莊子，衰世之書也，故治莊而著者，亦莫不在衰世……北宋諸儒，終亦不免有衰氣……。」（《莊子纂箋》序文）怪不得 A. C. Graham 說莊書是人生失敗者及社會中落伍者愛好心誦的書。(*The Book of Lieh-tzŭ*, London: John Murray, 1960, p. 10.) 因而莊書屢被稱為消極、遁世、快樂說的書。魏晉時代自然主義的田園詩人，常以悲慘、愛山水、超世神秘的風懷來抒說這種幽懷。

司馬遷在《史記》說莊子「寧遊戲汙瀆之中以自快，無為有國者所羈，終身不仕，以快吾意焉。」郭沫若在〈莊子的批判〉（以代序郭慶藩著《莊子集釋》新版）犯了相同的錯誤。他說：「莊周是一位厭世的思想家。他把現實的人生看得毫無意味。他常常在慨嘆……悲號。」郭氏引用很多莊書裏的話，他說「莊子說人『一受其成形，不亡以待盡，與物相刃相靡，其行盡如馳……不亦悲乎？終身役役而不見其成功……可不哀耶？』『人之生也固若是芒乎？……』」大家都在『與接為構，日與心鬥』，有的『行名失己』有的『亡身不真』，都只是些『役人之役』——奴隸的奴隸。人生只是一場夢……一場惡夢……甚至比之為贅疣……因而死也就是『大覺』……『決疣潰癰』了。真是把人生說得一錢不值」。

但我們如細讀莊書就知道，「以生為附贅懸疣，以死為決疣潰癰」(6/68) 這句話，在全莊書裏只出現一次，是「孔子」說的，著者引用他，不一定贊同。孔子自認（依莊書所描）他是「天之戮民」(6/71)，因為孔子桎梏形性，依生方內。從這執生的觀點看，當然那四子三子是顯得恨生如贅疣的。這種厭生的話表明孔子的誤解他們，並不代表他們真正的人生觀。他們互相暢談，說「以生為背，以死

為尻，孰知生死存亡之一體者，吾與之友矣。」又說：「相忘以生，無所終窮」(6/46, 62)。一點都沒有厭生的意味。其中一人以後犯大病，奄奄欲死，卻還在說「善吾生者乃所以善吾死也。」說了兩次！(6/24, 58) 這些話與孔子的話相接連記載，明明是要以孔子的厭世襯托他們的善生樂觀，獨特懸解，逍遙天地。

至於人生是夢是醒，莊子明說（在〈齊物論〉終段）我們永遠無法決定，不過我們可以斷言在栩栩然蝴蝶飛舞的夢中一點沒有惡夢的意謂。郭沫若所引的其他人生嘆語，全在指斥俗人妄生妄鬥的遠不如逍遙遊生的清樂。說出「大覺」(2/82) 是要警告輕佻執生者的句子，不是認死為大覺，因為全段的主旨不在討論生死孰貴，而在檢討「論」的無用，「執」的無聊，執生既然不對，執死又何嘗是可？

無論如何，郭沫若的話代表這通常的謬見，這情趣也是竹林七賢等退官避世的隱士們所抱有的。這種心懷在莊書裏不是沒有，〈雜篇〉裏的〈讓王篇〉中很多的悲劇英雄便是個例子。

但一看莊書序目就知道，莊書與悲觀脫世毫無相干，宏爽的逍遙遊（第一篇）使我們齊享千物萬論（第二篇），養生的主則（第三篇）助人繁榮於凡世政變之中（第四篇），連兀足無唇的殘廢者也顯出德力充沛（第五篇）。任何人都可成可尊崇的大宗師，以達生至樂（第六篇）。其樂真堪與帝王相應相比美（第七篇）。這種精力沛然的〈內篇〉的情旨延續於《莊子》全書。莊子完全不是悲觀的人。

四

另有一群學人以為莊子是主倡享樂為己的楊朱派者。這是朱熹、

錢穆、馮友蘭等人的見解。這種印象也許源自莊子的守己自適，反聖德仁義。後來吾國出現了些自然享樂主義者，很多人以為是來自莊書。

其實魏晉時代的自然享樂主義有兩個主調：「不為」及「為我」。「不為」是「無為」中的一個含義而已，自然主義者的「不為」，是將「無為」中的一個含義變成其全義，是個「無為」的變態。「無為」的另一含義是「無偽自然」。這含義推延變成「為我」。但在莊書沒有「為我」一句，反而常常反對「為己」(5/9; 12/11, 12; 20/53; 28/48)。莊書一直主張「虛己」(20/24)，「喪我」(2/3)，「忘己」(12/45)，「忘我」(14/10)，「無己」(1/22; 11/66; 17/28)，「功蓋天下而似不自己」(7/14)。莊書雖然有「先存諸己而後存諸人」(4/5)，「舍諸人而求諸己」(23/35)，但這些話與孔子的「推己及人」相稱，只是表示悠然地「自適其適」(6/14)，「不以物」(17/48) 或事 (29/91) 害己，易己 (24/73) 的意思。總之，「為我」也是與「不為」一樣，是「無偽」的變質，與莊子的本意不同。

莊書攻擊仁義，讚美隱士，「至德之世」，以至縲絏徒役的罪犯等話或使讀者覺得它主倡不負責，肆意享樂。可是這樣的看法是來自斷章取義。莊子說：「至樂無樂」(18/11)，他的快樂是虛無恬淡的，他的自然是忘己，不是自私。他的「至仁無親」(14/7)，不是勸我們實行不孝，乃是要我們超過孝德，成為至孝忘親，使親忘我，兼忘天下，又使天下忘我。他沒有反對政府，反而在〈人間世〉篇裏提出改善政府的方法。

五

　　由以上幾個錯誤的觀點產生了些不大好聽的稱號。現代學士們說莊子是懷疑論者、虛無論者、宿命論者、相對論者，甚至進化論者。

　　使用這些稱號的人士應該要說明這些廣泛的名詞到底有什麼確定的意義，以及為什麼要用這種泛詞。

　　如「懷疑論」以為(i)真理或幸福或許不存在，或(ii)即使它們存在，我們無法確知，則莊子不是懷疑論者。

　　莊子不主張第(i)論，因為這論以為如果真理或幸福存在，它們只能客觀獨立地存在，沒有這前提，懷疑論(i)是無法成立的。因為如果真理（或幸福）是主觀的，那麼我們一懷疑它們，也就等於懷疑我們自己的懷疑，可是這樣一來，則我們根本不可能懷疑了。如果我們要懷疑真理或幸福的存在，它們非具有客觀性不可，它們必定是我們懷疑的對象，不是我們自己的一部分。可是幸福怎能成為非主觀的呢？而且在莊書內真理等於「道」，而道是無所不在，無所不包的，道就當然不能不包括主觀性了。如是客觀性的真理及幸福與莊子就互無關係了。莊子不是懷疑(i)論者了。

　　而且，莊子也不立(ii)論的。在莊書裏，「知」不是我們的認識能力，乃是我們生活的一個型態，是我們從醉生夢死中醒過來的清晰情況。莊子要我們從夢中醒來，醒後才了悟我們無法辨別我們真的醒了還是尚在夢中，才知道我們不知道醒否。這種「不知之知」是「大覺」之知，是達到真理與幸福的最重要的第一步。因此，那段蝴蝶夢的故事（是第二篇〈齊物論〉的結論）不是為要使我們懷疑

沮喪，乃是要像蘇格拉底 (Socrates) 喚醒我們深知面對我們自己的
無知，以達「知無知」，以達了悟「有分」「物化」的實存事理。因
此，莊子也不是懷疑(ii)論者。

莊子也不是虛無主義者。虛無論說：(i)我們沒有能力改造世界，
或(ii)人類沒有希望，或(iii)兼秉以上兩個見解。第一見解使社會無政
地紊亂。第二、第三見解代表頹廢及絕望。莊子當然與它們毫無相
干，他以為天地萬物自有其秩序，人類不必捏造法制，他的乘物遊
心，斷然不是頹廢絕望。

「進化」是直線式的概念，只向某一方向演變，莊子的「物化」
是全面的、多方的。「宿命論」否認自由，莊書裏卻有的是自由遨
遊。「相對論」不是依勢論就是偶然論，莊子卻以為天地充滿著自然
宏道，「無常」變幻的「庸常」恆道。總之，這些泛名綽號都不適合
莊子。

六

莊書屢次卑稱為衰世之書，但這句的意思卻不大明白。如果它
的意思是「在衰世中所寫的書」，如錢穆在他的《莊子纂箋》裏（序
文中）呈示，那麼這句不大描寫莊書的特色。因為大多數的聖哲出
現於衰微亂世之中，如孔孟墨荀都是，莊子也不是例外。

如「衰世之書」的意思是這本書啟發激動沮喪衰微的情意，或
只慰撫零落衰敗者，那麼莊書不是衰世之書。大凡忠誠的烈士出現
亂世，銳穎深遠的書也常呈現在衰微之機，來指導世人，同時慎察
之士也在窮窘困境中寫成玄慧的注解了。

莊書對衰敗者當然很有用。可是它不是他們的鴉片，它反使他

們虛靜而沛然養精，乘物遊心於無可奈何之境，如果有文士說：「出於衰世之書，必定令人頹廢」，那麼莊書是向他們最有力的反駁，這本書是支蓮花，出淤泥而不染，這本書是隻大鵬，搏旋風而騰雲九萬里。而我們跟它一起清高化，升高空。

七

莊書偶而提到神人或真人隱居於深山裏。不水溺不熱焦，吸風飲露，膚若冰雪，乘雲御龍，遊乎海外，黃老道教由是就出生了。

可是這種出生是來自逐字直解的讀法。莊書並不是個長生不老的秘方集（因為裏面沒有一句談到具體的處方的），乃是激發讀者自省深思的諷寓書，怪不得歷代的諸侯帝王崇拜擁護道教教祖的假莊子，卻忽視或不理那激發我們省察的真莊書真莊子。因為後者比較前者來得更苛辣更難解，更難接受。

八

有些莊學家，逐句註釋莊書，仔細摘要每段「要旨」。他們以為這樣就是解明難澀的莊書。其實他們屢次只是根據常識俗習來校詁詞句。又屢次滲入他們的私見。很多的「口義」、「副墨」、「纂微」、「義繹」、「纂箋」等註釋，掩飾難句，或代以似音似形的常用字。這樣一來莊書成為凡識集全，變成孔丘鄒衍的矇矓再現，讀完這些改譯的莊書，覺得凡世沒有什麼嶄新的看法思想。莊子只加上他自己笨拙的表現而已。這樣，莊書原來的穎雅風骨，原來雀躍飛騰於患難中的氣魄，都摧殘無跡了。這些莊學家費精力著實地校釋莊書，

反而愈努力愈誤解殺害了莊書的本旨意向。

九

最後一條誤解莊子的路徑，就是向莊書冥晦的諷示語法大感不滿意不耐煩，想用現代嚴密哲學的理論論說來從莊書神話般的語句中提煉出莊子的真意。又以精確的概念整理成一套首尾一貫的龐統體系。

很可惜的是莊子正是要避免這種「精確的哲學」。但是莊學家一直要俯就莊書，闡釋裏面「愚謬而含糊」的厄言，以「清楚的思惟」闡明「莊子的本意」。這樣一來，莊書原有的特色就完全變質而丟失了。因為莊子本是要反抵這種「正確的理論」及「知識的傳達」。他要我們有「去知之知」，處順自得。以暗示隱喻來啟發我們，使我們反身忘我，天然遊世。他的語法不是演繹邏輯，乃是厄言、重言及寓言，他所提示的是反哲學的哲理，「不道之道」。這點我們不久以後會再闡述。

（乙）以上提出通常對莊書的九個誤解，我們要再看現代的三個西洋漢學家及幾個中國漢學家。

萊特 (Arthur Wright)、克禮魯 (H. G. Creel)，及斯馬特 (Ninian Smart) 三氏代表西洋思想界對莊書的印象。萊氏暗諷中國只有「思想」，沒有「哲學」。克氏說莊書的總旨大意要抽出整理成為一個思想系統。斯氏說老子無法與印度哲學家商羯羅 (Sankara) 比較，因為老子太暗晦不可捉摸，不像商氏的清晰精確，條條有理。

萊特氏說：「一方面我們有最抽象的系統哲學，另一方面我們又有最通俗的大眾風習，思想 (thought) 就居在這兩者中間。這是很有

意義的一境地，可是思想不是哲學。大學課程中應該考慮如何由這中國思想升到最抽象的層次」。(Herrlee G. Creel, ed., *Chinese Civilization in Liberal Education*, Chicago: The University of Chicago Press, 1959, p. 141.) 簡單來說，他的意思是說中國沒有哲學，而哲學是人類最高層次的思惟。他沒有想到哲思包含哲學，也沒有想到抽象的哲學不一定就是哲思的本質，更沒有想到哲思（不是思想，不是哲學）才是人類思惟中最高尚、最深奧、最廣泛的一層次，而且我們中國有的是哲思，而莊書是吾國最顯明這哲思的一本寶貴的文書。

從克禮魯氏看，中國哲學是「極其系統化的思惟體系。……在這體系裏倫理思想與人類經驗聯繫得比西洋哲學更加密切。」（前引書，p. 142）由他看，哲學是「思想體系」，它與日常生活的活動隔開，可是（不知何故）又與生活有密切的關係。

克氏沒有談及莊子如何表現這「思想體系」。他完全沒有涉及莊書措辭法的哲學意義。他只一直著重冥想性的道家思想的「**要點**」。由他看，我們最緊要的莊學任務是從莊書思想的幾個要點織成抽象的思想體系。莊書的語法措辭如何，由他看是與哲學上的主要論點毫無關係的。

中國人的想法和西方一般哲學的想法大有不同，這是對的。萊、克兩氏都承認這點，尤其莊書的想法又是特異非凡。可是我們不能從這點來下個結論，說莊書只有所謂的「思想」，沒有深遠的哲學或哲思。這種推論來自預先獨斷只有西洋方式的思索論法是哲學或哲思，其他方式的思惟都不是。這種獨斷正是莊書要來質疑反駁的。

這種文化優越感也表現於克氏的話，說要從莊書幾堆亂雜濛霧的辭句中「提煉化」（把莊書「非神話化」(demythologize)）莊子的

本意及總旨。因為莊子要說：所謂的真理不能脫離曖昧不清的人生滄桑，真理居於生活裏面，不是生活的真理就不是真理了。這種活的真理沒法遞給別人，只能喚起體味。真理不外乎我們如何地活它，傳它。乾燥地總括莊子思想的要點，等於只抓到莊子活活哲思的死骨。

至於斯馬特氏，他有很簡單的一段述說。他說：「在《道德經》詩句裏我們可以看到世界裏其他神秘宗教的教義的反響，例如在商羯羅氏的不二論裏，宇宙的根本原理也是只可用否定辭說明，其本身真相是不可明述的，但一切的創造力卻都從這原理流出。可是這種的相似性的比較不可以說得太過分明顯，因為《道德經》只隱隱地暗諷，其言語微妙不可捉摸，它不像商氏精確地闡明教義。」(Ninian Smart, *The Religious Experience of Mankind*, NY: Charles Scribner's Sons, 1969, pp. 158–59.)

換言之，斯氏說(i)《道德經》的教義同於商氏，可是(ii)我們不能這麼說，因為「商氏精確地闡明教義」，老子卻不如此做。可是如果(ii)是對的，則他怎能曉得(i)呢？無論如何，在斯氏的不肯明說老商的相似性我們可以察覺他暗暗以為精確闡明勝於微微暗諷。我們可以看到他喜歡客觀的主知傾向。

在思想史裏常常有這種危險的概括，矇矓的相比，暗地裏的偏愛。思史學士們屢次說大凡哲學家可分兩派——柏拉圖派及亞里斯多德派，或說齊克果 (Kierkegaard) 陋拙地再述黑格爾 (Hegel) 秀緻的思想系統，或說沙特 (Sartre) 所說的亞里斯多德 (Aristotle) 業已清晰公平地說破無遺了，因為沙氏「本有」(The In-Itself) 及「為有」(The For-Itself) 的分別只「反映」亞氏「現實性」及「可能性」的區別。再者，沙氏「實踐」(Praxis) 及「惰質」(Inert Matter) 之別是馬

克斯 (Marx) 的「階級鬥爭」的重複，而馬氏的階級鬥爭，又是黑格爾的「主僕相鬥」的重演，或竟說莊子是中國的龍樹 (Nagarjuna)，因為兩氏俱用了四重否定升級論法。他們又可與西洋的康德 (Kant) 及黑格爾 (Hegel) 比美，等等。這些陳腐詞句，不息地疊成一大堆危險的流沙。我們愈留在那裏，愈埋沒在裏面，無法脫出而自由思考現實。

至於中國的漢學家，所謂的莊子「學案」、「哲學」，或「研究」等類的書，大都以整理詞句為務，唯有林雲銘的《莊子因》，序後有「莊子雜說」二十六則，其中第十二則勸讀者玩上下文脈，來路去路而細味其立言之意。第十五則說莊書以老儒禪解，究竟牽強無當，不如以莊子解之。第十七則說讀者當於同處而求其異，當於分處而求其合，以得文字之外。第十九則說當淺讀深處，直解曲處，勿一味說玄妙。第二十則說須知有天地來止有至理至文，勿只做前人開發。第二十二則說當隨句讀莊以觀全書變化，又當一氣全讀，以知字句融洽。第二十三至二十六諸則說讀莊當以看地理之法尋勢於大小各處，以觀貝之法，正視側視睨視，以知所顯俱非本色，以五經之法，知莊理為日用之道，以傳奇之法，親歷莊書躍躍欲出之境。總之，林氏讀莊法無他，要我們親歷莊書，活讀其意，千萬不要死讀、玩辭、倣古。很可惜林氏本身沒有循其讀法，他的《莊子因》，在註解各處只釋以普通常識，在每篇末後的總釋只摘取莊子的句子排置了事，王夫之的《莊子解》也有此病，郭象的《南華真經》則較少。焦竑的《莊子翼》廣匯諸家的評議諸說，但可惜的是很多都是借題發揮的文學小品，沒有點出林氏的所謂「篇中眼目所注精神所匯」（林氏在他序文中提出此句三次！），忠於「理中之文」來闡明「文中之理」。

　　林希逸的《莊子口義》是部妙書，屢有特異深刻的見解，在書序「發題」裏提出讀莊五難：其字義迥異，其言爭衡夫子，每每過高，其筆變化非常，語鋒異儒。這些確是察慧名言，但不知何故他馬上接著說讀莊書「必精於《語》《孟》〈中庸〉〈大學〉等書，見理素定。識文字血脈，知禪宗解數。具此眼目，而後知其言意。一一有所歸著。」由是才可以看到莊書的「大綱領，大宗旨，未嘗於聖人異也。」這是很難解的論法。讀莊五難既然出於莊書特異的爭衡語法，及非儒反師，林氏怎麼可以勸我們去讀孔孟來見理，知禪來識文呢？當然這樣一來，莊子不異於所謂的「聖人」了。林氏既察覺莊書異於儒禪，即又欲以通儒禪來解莊，這是矛盾的。

　　吳怡、唐君毅及徐復觀最為代表現代漢學傾向。他們又很重視莊書在中國哲思界的地位。（很可惜，雖然錢穆寫出一部很仔細的《莊子纂箋》，在他的《國學概論》裏，莊子占著很小的地位。）

　　吳怡的《禪與老莊》，颯爽地在一百八十五頁的小冊竟涉及禪，老與莊三議題，這是個可觀的成就。怪不得從 1970 年初版以來，業已於 1982 年經過四版了，可見其聲望之大。吳氏主張莊子不是老子，是個卓見，又仔細論證，值得味讀，很可惜他的〈莊子思想的精神〉一章，浪漫短促，又含有些不正確的見解，他主張禪同莊，是源自以禪解莊，這是錯的。

　　唐君毅的巨著《中國哲學原論》（厚達六大卷），學識淵博，論證精細，他是唯一二十世紀的著名漢學家，不屑俯論莊子思想，與孔孟老墨荀諸家並置相比議。散在諸卷的很長的章節，論述關於道、人性、心、論辯等題目的莊子的見解。又闡釋〈內篇〉全七篇，洞察滿暢，議論卓直。但，很奇怪地，論題在他的體系裏乾枯化。莊子在這體系裏，與其他諸家一機，提出某學說去釋明某論題。莊子

的見解及論點嘎嘎地、無味地呈現。全部思想系統完全沒有荒謬的地方，全體系根據一個個論題題目分類，這種世界與莊子沒有多大關係。

徐復觀的《中國藝術精神》很孚眾望，已有第五版（在1982年）。徐氏虛心細讀莊書而說(i)天籟在人與地兩籟之中，(ii)道家的文士並不想要離開塵世，依從莊書裏的〈人間世〉及〈應帝王〉兩篇的旨趣，(iii)一夫游於呂梁瀑流，是要喻示我們應能與他同樣地「被髮行歌」於各色各樣的人生窮境中。徐氏沒有忽略莊子的本意是要我們在這世間裏面與物和化的。但很可惜，徐氏也以為因為莊子影響道家文士及畫家，他們又是超世的，所以莊子也一定是超世的。徐氏完全沒想到也許這些文藝家誤解莊子。結果，徐氏不得不取消他寶貴的三個發現，例如在一百十三頁，徐氏說：「《莊子》『物化』之物，必須是不在人間污穢之中的物。」第二百三十五頁說山水畫的興起在於第一、領受自然風物之美，第二、將人加以「擬自然化」，第三、在第一自然中發現出第二自然，而這第二自然是「以超越於世俗之上的虛靜之心對山水」而相化相忘的另一境界。總之，基於莊子思想的山水畫是脫世的了。

其他有直接批評莊子的，與莊子同時代的惠施屢次說莊子的話是「大而無用，眾所同去也」（〈逍遙遊〉）。朱熹說莊子是「沒拘檢」，「莊子跌蕩，……將許多道理掀翻說，不拘繩墨」。（《朱子語類》，卷一百二十五，正中書局，中華民國五十一年十月臺一版，卷八，pp. 4788–90。）在《朱子全書》裏罵莊子罵得更厲害：「老莊之學，不論義理之當否而欲依阿於其間，以為全身避患之計，正程子所謂閃姦打訛者……若畏名之累己而不敢盡其為學之力，則其為心，亦已不公而稍入於惡矣。至謂為惡無近刑，則尤悖理……擇其

不至於犯刑者而竊為之。至於刑禍之所在,巧其途以避之而不敢犯,此其計私而害理,又有甚焉。」朱子又說:「莊子之意則不論義理,專計利害……是乃賊德之尤者……今若以莊周之說助之,恐為所漂蕩而無以自立也。」(《朱子全書》,卷五十八,十一至十三頁,廣學社印書館翻印 , 中華民國六十六年二月初版 , 下卷 , pp. 1269-70。)至於王陽明,則連莊子之名都不屑提出,只說「佛老」或只提其消極性的特色而罵莊。例如在《傳習錄》裏,王氏說:「又曰,專事無為……即是佛老的學術,因時政治,不能如三王之一本於道,而以功利之心行之。則是伯(=霸)者以下事業。」又說:「只懸空靜守,如槁木死灰,亦無用,須教他省察克治」「彼頑空虛靜之徒,正惟不能隨事隨物精察此心之天理。……遺棄倫理,寂滅虛無以為常,是以要之不可以治家國天下。……」「只養生二字,便是自私自利,將、迎、意、必之根,有此病根潛伏於中……」「枯槁虛寂之偏……佛老之害,甚於楊墨」「仙家說到虛,聖人豈能虛上加得一毫實……但儒家說虛,從養生上來……卻於本體上加卻這些子意思在,便不是他虛無的本色了 , 便於本體有障礙」。又註釋 《大學章句》中,攻擊佛老二氏說:「然惟不知止於至善,而鶩其私心於過高,是以失之虛罔空寂,而無有乎家國天下之施,則二氏之流矣。」(《王陽明全集》,廣智書局印行,上卷, pp. 6, 11, 31, 43, 51, 69, 下卷, p. 471。)

看莊子犯了這麼多的很明顯的錯誤,我們必以為他是拙陋愚昧的,可是連朱熹也承認「莊周是箇大秀才,他都理會得……他直是似快刀利斧截將去,字字有著落……」。(《朱子全書》,卷五十八,第九、十頁,廣學社版,下卷, pp. 1268-69。)這樣看來,如我們說莊子是愚陋,是表明我們本身愚拙,不理會他的本意,只根據他

字義而臆說。現舉一小例子。我們遇到一人說：「34 加上 34，等於 69」，我們會說這個人不會數算數目，可是如果我們聽有人說：「34 加上 34，等於一萬」，我們又說他不懂數算法，那麼我們本身就是愚拙到不了悟他言外之意了。莊子是個大秀才，他怎麼會說：「行惡無（＝勿？）近刑」，而真得要讀者相信他字義上的意思呢？如我們笨拙地只循從他表面上的字義來生活，我們的人生一定是很不對的。莊子「將許多道理掀翻說」不是因為「知者過之」（如朱熹說）乃是另有其隱意在。我們以為他「跌蕩」不著實，「不拘繩墨」，乃是因為我們沒有深察他如何處理患難及道義問題，如何將這兩者包容於不道之道中，以致很多人實行他們所以為的莊子的話意，變成悲觀的英雄或淫蕩的隱士或奸詐的權術家。這都是由於不深摸莊子言中的**另意**，只輕浮依附**表面字義**所致的錯誤。他們以為莊書是好像史書或科學方面的書，在直說著者的旨意，可是莊書不是直說的書，它的言外是另有含意的。

第四章　喚起讀者

一

　　為什麼莊子不直說了事呢？因為莊子要我們回到自己，而歸返真誠自立，而這意境是無法直說的。記得有個卡通裏一個女人向一個男人說：「我知道你該說什麼，可是如果我告訴你，你所說的就不是你所該說的了。」在這情況下直說是不行的，而愈正確的直說愈是不行。在卡通加費貓 (Garfield) 中，加費抱牠的玩熊說：「你不必睡，也不必吃，你這可憐蟲！」當然這憐恤之情是來自那玩具不說話。莊子曾可憐路旁的乾髑髏，枕之而睡，也是一樣的情形，不過莊書再加上夢中髑髏回答的一段深刻的故事，喚起我們的省察，那些喚起 (Evocation) 的過程及結果在上面曾述說了。

　　從這兩三個例子我們可以看到，上章列舉的幾個莊書誤讀，表明讀者的二個誤解：第一，讀者當然知道莊書的主要目的是逍遙遊，但沒想到這是在**人間世諸多難題中的**逍遙遊。第二，這些誤解是來自讀者淺浮的抓到表面的字義，沒想到莊書要求**讀者本身**在實際情形生活中深想體悟莊書的字句隱意。其實這兩點是同一點的兩個旁義。這一點是識知主義，只識知承受字面現成的意思，讀者完全沒有參與探究含義。

　　這種認知式的讀法有兩個害處。第一，這讀法使我們與實際生活脫節——神秘地棄己棄世，或墮入法家的專制悲劇。第二，認知主義是字面主義，變成宗教，變成黃老仙術，傳播莊書的有權威的聖旨宣言，聽眾要盲目地接受。

　　解決這二害，也有二途：第一，莊書樂觀的理想要滲入人生重重的冒險困難，莊書就是這種理想及實際互參合一的活劇。它也在要求讀者在日常生活中延續這部人生劇。第二，莊書的文體是寓言性喚起性的。如要傳達字面上文意，著者要明明晰晰地直說其意，不可另解。在隱喻陰示的活動中，著者卻不直說，只用沉默非言或題外妄言來喚起讀者的自創意義。有時著者偏要說些明明是完全不合理的謬言，來激惹我們的反抗而去自尋要義。莊書說：「大人之教，若響隨音，若影隨形……」他本身則「寓於無響，行於無方，遊於無始……」他凝視無有而「為天地之友。」（〈在宥〉11/63–66）莊子這樣喚起我們，逍遙出入於人生險難之中，悠然寄寓其中。

　　為要達到上述的目的，莊子用幾樣的句法，我們知道社會裏有幾個抗惡的方法，如反對非德的修養道德，或反對社會惡的政府諸策。可是「德」之成道常常助長「非德」。莊子就用譏笑的諷刺揭示這種自相矛盾的事實。〈胠篋篇〉是個好例子。「荒唐無視」被主倡為重要，來喚起我們「看法的革命」，省察我們通常的人生慣習。很多詞句因而出名──如，「無為而無不為」(22/10)，「槁木死灰」（指嬰孩之生氣）(23/41)，「不知而後知之」(24/109)，「無用之用」(4/90)。

　　莊書每在通常我們沒意料到的地方指出人生諸問題的解決。他要我們看醉漢墜車，雖傷免死，因為他因酒「神全」。一神全，就「乘亦不知也，墜亦不知也，死生驚懼不入乎其胸中……彼得全於酒而猶若是，而況得全於天乎」(19/12–14)。他稱讚徒役的人遺忘死生而不懼登高 (23/76)。卻誹謗孔門之徒蹴蹴然仁義治經而亂心失樸 (14/74–75, 56–58)。他又是個諷刺專家，例如在〈人間世〉裏他將反孔教的思想放在孔子的嘴裏來成就孔家標榜的世界大同的理想

（如在《禮記·禮運》的「天下為公」）。諷刺比直攻更有力地暴露道德主義本是多麼自挫自毀的。

莊書常常清脆韻美，疊疊的故事隱藏多層的喻意。如謎而難解，矛盾而悖理，揮霍而放肆——莊書過度的詞藻逗惹讀者，使讀者掩卷深思這些荒唐的句子到底是什麼意思。之後讀者必定微笑自諾，雖然初讀無義，聰敏的讀者會察覺感觸有深刻的意義潛伏於荒謬中。

莊子美妙的文體一直招呼我們在生活中完成他在書裏所開始的。

這是好像莊子開始一個故事，裏面有有趣卻互相衝突的成分，甚至有奇特的情節構思，可是故事講了不久忽然斷絕了。已經發生興趣的讀者就非得在實際生活中完成這故事不可了。原來這故事斷片，稀異古怪，富有預料之外的深淵。讀者感觸其重要性，深掘其中含意，實現於生活中。有時讀者碰到似乎無意的滑稽可笑的句子，讀者無法把它放下，一定要一直細嚼其中隱意，在這樣細想過程中讀者本身不知不覺地成長聰慧。

總之，莊書是部未完成的書，讓讀者各自有所其獨特的完結。莊書是部喚起性的生命的書，讓我們都參與其中。這不是不負責的脫世的書，乃是深刻的從事俗務的書；也不是直述，乃是招喚的書。

二

可是如果我們錯失這招喚性，則如何是好？這招喚性我們畢竟有很容易溜失的危險。請試想一下，如別人根據我們自己尊奉的理想來評價我們的言行，我們尚可忍心接受。如有人根據尊崇那理想的我們的「自己」來批判那理想本身，我們就無法忍受了。前者批

評只是查驗我們的言行是否符合我們的理想，這理想沒有問題地構成我們的為人。（韓非子的所謂「刑（形）名」就是君王依照人臣自己說出要成就的計劃（名）去查驗賞罰人臣的成就本身（形、刑），這是以名驗實的「正名」的一種（看《韓非子》第五、七、八篇）。）在這裏我們的人格沒有觸傷。後者的抨擊則等於以我們本來的真己來侵襲我們現行的為人樣式。招喚式的莊書就是提出這種根本革命性的批判的。

現試舉幾個例子，莊子說一般人汲汲然求知，孰知追求知識不但無用，更是危殆生命本身。因為「知」是無限的，「生」卻是有限的，以有限者追尋無限者，當然危殆無盡了。如我們以為行惡需要知識，又常受刑罰的脅迫，那麼我們更要曉得，行善也一樣地危險，因為行善也常受名譽的脅迫。我們最好要如避免刑罰般地來避免名望，避免行惡般地遠離行善。這樣一說，行善就等於行惡了。匿身避名的聖德高士根本就與隱躲法綱的逃亡惡漢無異了。兩者的行為同樣地威脅真己的存亡，最好我們要忘棄善惡兩者，順著自然本己的中脈，緣循中道，來保身盡年，這才是養生的至道。

相反地，玩弄眩耀人眼者必淫惑其性。利、勢，及德三者眩耀眼目。被利益誘引的就成為盜賊。被權勢迷惑的，就是政治家。被仁義黏絆的，就變成聖人君子。這三者，沒有例外的，都摧殘本然的人性的。因此只譴責貪利而不指摘追慕權勢仁義的不當，是個危險的偽善。所以莊子一直規勸我們歸返真己，循順天性。自己對自己負責，純任本性的情實，是人生最基本的急務。循順任放自性，則可任放周圍的人性物性了。我們自己治身守形，則物將自壯，各復其根，天下自化。我們自身不天放，則必致逆物性，亂天經（以上整理莊書第三、八、九、十諸篇）。

我們讀了以上莊子的話，覺得他沒有說到具體的東西。他沒有說到什麼是我們的本性，也沒有說到如何順性而天放。他的話反而在抨擊我們所尊崇的理想本身。這抨擊太徹底太激烈了，太惹傷反對社會所公認的慣習了。人們自然要譏笑他，將他的話置之不理。例如，他們說「莊子一直假定未決的問題為其論據，顛倒因果是非。因為邪惡毒害蔓延了，然後才有政治家，及仁義高士之出現來解決問題。莊子不可說政治仁義殘生傷性，『聖人不死，大盜不止』等的倒置謬言。並且本性就是仁義之根，兩者不可乖離，莊子不能根據本性來攻擊仁義的，實行他的話必致亂倫，必致紊亂社會的秩序。」這樣，一般讀者不知不覺地誤讀莊子冤屈莊子了。

三

這樣說來，我們不能依舊以普通處理古典的方法去處理莊書了。我們不能將莊子放在我們現成的學說綱目表，看待他與其他思想家同樣地在中國歷史中提出某一學說。這種史學研究方法有兩個錯誤：第一，史學家在此是等於理想的觀察評述者。他知道一切，比他處理的思想家知道得多，他手裏有個完全無謬的分類表來判定莊子，這種紆尊降貴的態度使人完全無法虛心聽受莊子的話。第二，思想史家以為莊子所說的不外乎史家本身所知道的，以為莊子說的不清楚，語句不連貫，自相矛盾，就替莊子增刪修改，結果莊書變成一堆陳腐的老生常談。

當然這種處理法定不能完成，也定會錯失莊子的真意的。莊子不是要來建立什麼思想體系，把一個個論題提出來考議，發表無謬的定論──這是一般思想家的理想及作法。莊子卻不是一般思想家，

他只暫停在一個他明知是錯誤的見解，之後再去另一謬見，一面闡述其意，一面揭露其錯。

莊子說話有時像個無政府主義者，人人——蔑視這種主義的，失望於現行政治系統的——就以為莊子完全反對政府。他們忽略莊子屢次勸告及建議帝王大臣如何治國（以匿名，在想像上與君王會話中）。莊子又有時憤世諷世，又時夾愚直天真。這兩個態度互不相容，讀者就取此捨彼，或以此釋彼。

酷愛文意首尾一致的學者就很高興地指出莊子如何經常自相矛盾。他們說「莊子勸我們不可多餘談吐，因為大道不可言喻，之後莊子卻講出一大堆故事來說明他的意思。他不要我們聰明，可是他尖銳的諷刺，機警明言，並不是愚拙者之所能為。他說政治是殘性傷己的，可是他不主倡革命，反而一直勸戒我們如何忠仕暴君（在〈人間世〉）。他指摘工藝必生『機心』而致神生不定，不值載道，可是他又大褒手藝名匠（如庖丁解牛，梓慶削木為鐻，筌蹄得魚兔，津人操舟，輪扁得手應心，等等），以為他們呈現道之大行。我們真是無法了解莊意何在。」

我們之不知何從，是因為我們以為莊子有特定的見解。在論定一個命題，我們想要追尋那特定的立腳點。可是我們的這個看法使我們困惑了。這表明這種認知式的讀莊法是錯誤的。因為論證某定的見解，是一回事；悠然遊心於很多論證，很多論點，又是另一回事。他一直乘物乘論而遊心，由是而指摘黏著於特定的見解之荒唐無稽。莊子如鏡如影，與讀者相映相隨，使讀者自己去看自己的本相，而莊子本身沒有特定的定見或論題。他有的是無定見的定見。

他的「定見」何在？他要我們採取變通的人生態度去柔順我們的性情，適應任何時刻的世事情勢。因為主觀及客觀的情勢時時移

易，我們的處事方針也要時時轉換，這就是日日新的「生」的意味，活生生地逍遙順應任何見解、情勢。

　　試看莊子本身如何對待當時的思想家。他不像孟子認真地與告子、墨子等輩論戰。他只「運用」他們的論旨，「運用」他們的名字，想到那一論點，就將那一點歸屬他們的名字。在莊書裏孔子有時鼓吹莊子逍遙遊的看法，有時卻是這看法的反對者。連老子也至少被罵過一次，老子的見解又放在孔子的嘴裏幾次。

四

　　莊子與惠施論戰，這是莊書裏的一個事實。惠施是個辯論家，在哲理上、政治倫理上沒有己見，只以玩弄邏輯駁倒對方為業。莊書裏的莊惠互辯幫助我們了解莊子的本意，惠施是純粹反駁的象徵。莊子與辯論專家辯論，表明莊子要反駁「反駁」本身。

　　與「辯論」辯論，是要反駁「反駁」本身。莊子以詭辯駁倒辯論家惠施。由是使反駁活動繼續下去。莊子沒有像孟子或墨子去否決什麼論題，莊子否決他們的否決本身，由而打消否決本身。因為否決破壞對方，反駁只是破壞論題。反駁「反駁」本身，就是要反對打消辯士的人身攻擊法，由而使「快樂的相辯」繁榮。這蘇格拉底樣式的詭辯，不是一般純粹的詭辯，也不是破壞某個論題。莊子沒有辯證任何見解，只是遊心於很多種的見解之中。

　　有一天莊子惠子在濠水橋上逗玩辯論——莊子雖然不是魚，怎麼知道白魚在橋下遊水之樂？當然莊子可以當場繼續說：「如果我說你在做夢，我本人也在做夢呢」，之後可引出那有名的蝴蝶夢的故事，談起他如何不知道到底是他做過夢，還是蝴蝶在做夢。他所無

疑確知的，只是他以前確確實實地是個蝴蝶（不過以後他以為當時在做夢），以及現在他確確實實地是莊子其人（而他現在以為他不在做夢了）。總之，在這裏有真正的互化及互分。蝴蝶的位格是真確存在的，莊周的位格也是真確有其人的。這兩個位格互異互分，卻同時也在互換互化。這是〈齊物論〉結論的一個總題。莊惠兩子的互辯，是莊子在辯論惠子的辯論本身，而這辯論的辯論，使大家親自嚐到位格的變化及變化的位格。

　　這種駁論之駁論，不像一般注重內容的反駁的嚴肅正襟，反而可以流浪逍遙遊。可以清爽逗留於任何境界，任何見解，不縈繫於任何地方，卻又對任何地位有所關懷適切。在這裏並不是沒有嚴肅，可是這嚴肅是快怡清淡的，不是完全不辯論，也不是完全沉溺辯論中，卻時常暗諷人生自由遙遊的重要性。莊子與惠子辯論，常充滿著活潑、快樂、友誼。

　　這種活潑的人生自由呈現於他的淡漠——人家以為他有這個見解，或那個見地，他都表現冷淡不關切。他反對反駁一切的反駁，所以他不能與他當代的，或任何時代的思想家同日而論。他名符其實的「和而不黨」，不纏絆於當代的思想界。他既不否認俗世，也不否認這否認本身。他與這些見地相辯，在辯爭中讓全世自由天放物化。他不自練自束，可是也不自妄自縱。他只是小心不害己，就是說不用仁義及政治去傷性。他不盲目崇拜自然，只倡體察不擾物，率直的與事共鳴共響，「以天合天」。他不要我們追尋他的見解，我們不能隨便地以識知式的讀法去竄改處理莊書來滿足我們私自要他說某定學說的欲望。我們反而要虛心地進入事物間的共鳴互喚，由是而歸返我們真己。

　　莊子不反駁孔子，他也不必反駁他的。莊書裏有些地方褒揚孔

子，有些地方棄絕他。莊子也不是老子的信從者，他也不需順奉他的。莊書也有很多地方反響老子的見地，且有個地方責難他。莊子不反對任何人，他只是反駁一切的反駁而回到真己。他的真己不是由孔孟禮節的訓練而成就，也不由楊朱縱欲式的沉溺快樂而來，也不是黃老道教的練丹修行而成功，更不是出自佛教似的自己否定的否定。

孔孟之徒看到這世間這麼污穢、殘忍、痛苦，必會奮發努力以仁義改革它，黃老教徒就會想用道符咒術去改造它。道教隱士就匿世，楊朱之士就完全自私地不管它了。莊子卻完全不同，他必「抱神以靜，物將自正，徒處無為，而物自化，物而不物，故能物物」「用心若境，不將不迎，應而不藏，故能勝物不傷」。這是天然的淡漠無為。

莊子的這種淡漠自然一般人實在難得了解，很多莊書注釋者之努力推定文意，猶如馬丁路德所謂的醉漢騎馬（這馬當然在這裏是指莊書）。孔孟之徒及黃老教徒跳得遠，跌倒他邊去了。享樂主義者、佛教徒、隱遁者則連跳都跳不上去。莊子如一看這情形，必微微一笑而說：「諸位都太陶醉於您們自己的主義論說了。您們只要平心靜氣地常然自適，就可不知不覺地騎在馬上了。因為這『馬』就是您們在世上呢！」

五

「人生」不能活捉的，一捉到就很快死逝了。我們不能捉我們在捉我們自己，我們只能在時刻轉化的日常生活中領悟事理。言語是我們人生領悟的形跡以及工具。言語是個篩子，篩濾生活的含意

及其律動。言語的用處在於引導我們回到曚昧的人生泥塗，使我們體察泥中偉大的活力。莊子的間接法 (indirection) 指向言語暗諷的意味；它們是莊子的「尾巴」拖曳在俗世的「泥塗」中，它們的暗諷之勁就是它們的活力。沒有這個活力，言語只是不適切事物的贅疣。那老輪扁說得好，已死的話句，只是古人的「糟魄」。

約言之，通常依傳統的看法，莊子是個愁眉苦臉的無用漢，發明很多詭譎去自嬌自慰，浪蕩地乖戾地閉己越脫頹廢的俗世，因為他在此世失敗多次。這個印象與我們所看的莊書中的莊子大為迥異。莊書裏的莊子悠然逍遣，御六氣之辯，以遊無窮的人間世，乘天地之正，安排而去化。注釋者給的莊子的墮相，不表明莊子，乃是代表他們本身。這也表明莊子如何地使歷代讀者多麼詫異不解。很可惜的是連西洋的所謂莊學家也盲從這種中國歷代的誤解。這種錯誤的印象也表現莊子所提出的人生全盤的革新不只是限制於中國而已。莊子所看到的是全人類的根本問題，他的喚醒法、間接法 (evocation, indirection) 吻合他高尚的目的——他要喚醒我們，使我們悟察而自動地從社會老慣習脫出而回到我們天然的真己，真正地與現實的天地世界有直接的交涉接觸。

在科學領域裏我們可請教科學專家，去檢驗我們手裏的科學知識是否正確。在人生境界中，我們卻沒有人生專家可請教，也不必去檢驗我們的人生知識是否正確，因為我們每人自己要盡其所能過著最有價值有意義的人生。在人生裏所需要的不是專家的指示，乃是警醒不要將平凡陳腐的看法作為我們自己的成見，以為它就是我們真正的意見。我們不需要外來的標準及新聞知識；我們需要暗諷的喚醒，一直警惕激發真己的呈現。這真己無法用機械傳達，也無法以仁義道德模仿出來，因為傳達模仿俱是以別人為中心的動作，

不是自己負責自己的自發任性的生動。畢竟來說，我們每人都必須過自己的生活，別人無法替任何人過活。「德」之不可教，原因也在此——「德」即「得」已，而這「得已」，只能間接激發喚醒方可達成，有時甚至反對一時的嗜好而激發真己生活方可。

雖然這「間接法」(indirection) 是回己於世之不可或缺的方法，它是難以達成的方法，難怪莊子與蘇格拉底 (Socrates)、齊克果 (Kierkegaard)，及胡塞爾 (Husserl) 一起高潔地失敗了。當然在間接法的世界裏應該沒有人盲從首倡者的。一隨從首倡真己者就等於違背了那首倡者的本意，因為「真己」等於回到本來的自己，不在隨從別人。不過莊子的失敗不在此點。莊子很少有真正的門徒，大部分的讀者連向他一瞥視也不瞥，而極少數注意他譏刺的反語的都誤解他。

可是因為他的目的是很高崇的，他的失敗是很高潔的。所以這失敗不是來自莊子本身的無能。因失敗於莊子的目的的人就等於失敗於他本身自己的成己。莊子一直在喚醒我們自負自回，這喚聲到現在還是同樣地嚴厲生鮮，與我們自己的生命脈動同樣，既甚難注意又不可或缺。莊子嚴肅地要求我們有慎重的詮釋人生的思索，莊子是個普世的思想家提出人生最根本的課題。

歷代的注解書一直調查莊書詞句的歷史上的原意。這種研究當然對現代讀者大有幫助，使我們了解那些詞句有多大醒目逆理的說法。《莊子引得》當然是莊學研究上特大的幫助。

雖然這些史料的研究貢獻很大，這些研究畢竟是準備工作而已，並不能代表我們自己深刻的了悟莊子的真意。只注重史料工作以為了事，則趨末失本，反而有害無益。怪不得這些工作會使莊子喊叫說：「往矣！吾將曳尾於塗中。」在俗世的泥塗中，我們看他的尾

巴。他要我們離開他，回到我們本來的自己，與他一起拖「我們自己的」尾巴。

　　孔子「有教無類」，莊子也不差別讀者。無論那一個讀者，只要有意要過有意義的人生的，就可讀莊書而得益。他視人如人，他待你如你，一點沒有區別，淡淡然任性於人生的「泥塗」中。

第五章　音樂性的間接法

我們有時輕視莊書以為它無關重要，由是錯失莊書；我們也有時嚴肅地將莊書視如經典（《南華經》），盡力追尋千古不易的真理，由是而又錯過莊書。前者是名符其實的錯失，後途是拘泥字義地錯過；前者是歷代思想家的錯路，後途是註釋家所履歷。兩途俱源於識知式的執拘字句。在本章我們要看為什麼這種讀莊法是不對的，為什麼我們要用音樂式的間接喚醒的方式才可以通過莊書的暗諷而回到我們本來的真己。

在第三章我們看到在思想史家大多數的讀者都誤解莊書。有人也許要問為什麼有這樣的情形發生?莊子會不會真的是個騙世小子?可是，反過來想，也許這種誤解在啟示我們很重要的真理，也許莊子的目的須要莊子的方法，而莊子的方法很容易惹人誤解。可是，莊子的目的是什麼?他的方法又是什麼?（聞一多在〈關於儒、道、土匪〉中說莊子是騙子）

莊書本身告訴我們，莊子不是個騙子，莊子之被誤解，有其很重要的原因的。莊書說莊子「用迂遠無稽的論說，廣大虛無的語言，放曠不著邊際的文辭，時常任意放縱而不黨同伐異，不用一端片面的看法。他以為天下沉迷混濁，不能講述莊正的言論，所以用變化不定的卮言而推衍到無窮，以引重言令人覺得是真實的，以寓言來闡明他的意思，他⋯⋯不鄙視萬物，不問是非，和世俗相處，他的書雖是宏壯奇特，但宛轉說明，不妨害大道，他的言辭雖虛實不一，但滑稽奇幻可觀。⋯⋯他講述道的本源，是弘廣而通達，深遠而博大⋯⋯可以說是調和妥適而上達與自然化合了⋯⋯」（〈天下篇〉，黃錦鋐譯文，稍變更）

在這裏我們看到我們所要的解答了。他的「卮言」雖然「奇特宛轉」，它們卻激惹真情於我們人生中。他的諷刺故事激動喚醒我們回到真己，沉著痛快，富有辣味火氣逼人。可貴的，就是莊子不像尼采 (Nietzsche) 的粗野熱烈的打氣，莊子的咄咄逼人正在於其輕鬆語氣，莊子的火氣正在他的悠閒天然。這種從容不迫的激人，這種輕鬆的沉著，是莊書特有的風格，使人被惹而不觸怒；可是這也是容易被人誤解的原因。

我們現代的世界裏天天有很多廣告、政策、習慣──它們把日常生活轉為反常悖理。我們都很習慣，一點都不詫異，反而以為這種世界才是正常的。在這情形裏用普通冷靜識知的逐義性的語言，是沒法激動世人的。你看多少善意的社會改革者如是地被大眾社會抹殺！因此只有反常的謬言怪調，才可以搖醒大家，才可激發他們以天理去察覺世間之如何反常！莊子的荒唐口調是他奇特的卮言，這就是他提出的醫治反常濁世的反常醫法。

這是因為以詭奇喚醒方可使醒來的人回到天生的本己。這是肅直的逐意傳達所做不到的。謬言激醒之後，讀者卻無法倚賴謬言本身。（因為沒有人敢信誤言！）讀者不得不摸己沉思，以至自悟返自然。

可是這麼一說，就是等於說詮釋莊書是個嚴重的課題，甚至是個大問題。普通我們將「了解」當作理性上的事情，而理性即歸溯邏輯、計算、推論。有理性的人就是能夠依論理規則一步步推理的人。從亞里斯多德 (Aristotle) 經過霍布斯 (Hobbes)，直到萊布尼茲 (Leibniz) 及布爾 (Boole)，都以為理性活動即是計算活動。從這觀點來看，人只不過是依照定則來計算一個個互無相干的單元事物的裝置機構而已。莊子警世的目的，就是要我們反對而致離開這種機械

數學式的看法。

　　可是這不是說莊子反對理性本身，或不要「了解」本身。因棄絕這兩者我們就進入濛迷不清，一無所知的世界。並且莊書咄咄逼人的氣勢顯然無遺，讀起來深覺有急緊要事在敲叩我們的心竅，甚至那些含糊費解的荒唐詞句也顯得中肯切要，而且中肯之感正是源自荒唐之謬。這種意味深長的寫作絕不可能是非理性的一團糟。

　　這樣一來，我們不得不承認理性是大於論理分析，「了解」是深長於計算識知，或純直的本能。莊子必定是個有理性的人，可是這理性與電腦知能大有迴異。他的意境陶冶讀者的情趣，他的機鋒深化讀者的生機，他的理智包含一般所謂的論理知性，更包容心情裏的智慧。

　　如果「所謂的理知不曉得心情的理知」（巴斯喀 (Pascal)），那麼這個包括理知情知兩者的「心知」不會是非理性或不合理的。這「心知」「心理」有其必然性，是個處世才智，是明辨是非的人所以為當然的。

　　由是而說，詮釋了解莊書的努力，就等於掀起「了解」上嶄新的了解，這嶄新的了解「了解」，必致於全人生的革新。因為我們如何過活，就是基於我們有什麼樣子的人生態度，而這人生態度又是來自我們如何去「了解」人生。改變我們了解、看法，就等於改變人生的了解，對人生的看法，掀起人生的革命。簡言之，努力去了解莊書不只是學問上的事，乃是曉悟領會人生的大事。這也不足怪，因為哲學本來就是這種人生革命之學。柏拉圖 (Plato) 在其「穴洞喻話」(the Myth of the Cave 在 *Republic*, Book vii) 裏已經說過了。

　　這樣一說，我們一般了解事物的「方法」本身就要改革，才能適切了解莊書，莊書要求我們開始詮釋學上的根本革命。

　　莊書了解的方法，是「無方」的「大方」，而這「方」字原意就是「兩舟竝繫，橫視之形」（《說文解字詁林》八下，方部，臺北鼎文正補合編，7–688 到 693）。莊書〈山木篇〉也有「方舟而濟河」，即 「雙船平行渡河」（黃錦鋐譯文）（20/22），莊子的 「無方」(11/65; 14/25, 37; 17/44; 22/32)，沒有與一般所謂的方法相合夥，是要與天地的自然「大方」(7/5; 20/16; 24/107, 108; 25/80) 相連繫的。換言之，莊子雖然要求我們詮釋上的革命，他的方法論是天地的大方，仍然可以與我們的天性並繫平行，沒有困難了解的地方，我們的革命在乎棄絕反自然的慣習，歸返天然大方。現代的讀者之可與古代的莊書共鳴並行，正在於此。

　　我們現代讀者與莊書的相關，可用下列三項詞意來敘說：

　　甲：卮言：這是喚醒法的傳達，是暗諷與反語的會合，也是嚴肅與輕浮的溶一。

　　乙：音樂性的詮釋：天然默默的表示是天籟，呈現於自然吹風（地籟），產出了人們言語，作為陰喻，作為人籟。

　　丙：了解：人性的理性不是機械性的理知。理性察覺完整的經驗，自革自新，事理相關。

甲：卮　言

一、兩種的傳達

　　傳達有兩種：傳旨與會意兩種或傳遞信息與喚起體驗兩種。信息要「傳」遞得信實完整，體驗要「達」到深刻領會，在前者著眼點在識知，在後者所成就的是悟認。從莊子的觀點來說，正確的傳信，在於客觀的傳遞，知識不得不脫離傳信的主格。莊子所著重的

卻是主格本身的變化及自創性，不是在知識的正確性，因為傳信屢次阻礙主格的變化自創。

　　沒有以經驗輔成的知識是所謂 「先驗性」 的知識 (a priori knowledge)，這是西方哲學所以為貴的哲知或「先天之知」。雖然理工科學著重「後天性」的經驗知識，西方哲學一向卻不重視它。並且科學知識也是在實驗前設立的論說嚴格控制下進行的實驗所得的。

　　康德 (Kant) 提出 「綜合而先驗的判斷」 (synthetic a priori judgement)，這是他的功勞。數學上的計算是「先驗」的，因為計算的步驟不靠實驗，計算的結果也不必靠實驗來證明。可是計算卻是「綜合」的，因為在「5+7」裏各別的諸概念 (5, +, 7) 或總概念中沒有「12」的含意在。我們一定要實際地經過加算過程，將諸數目依規則「綜合」後，方可獲得其答。不過康德沒想到這種計算操作還是豫先已被數學理則死定，計算者只按規則操作而已。所獲得的結論，也是邏輯「包裝」而傳遞各處，完全與主觀經驗毫無關係。計算者本身是無名無氏的，完全不關重要的了。總之，先驗性的知識，理工科學上的信息，以及綜合先驗性的判斷，這三者皆與經驗沒有關係，皆被豫定的規則學說控制。

　　可是我們另有一種知識，是只可實際地經過經驗才可得到的，這是體認了悟的體知，這並不是說這種識悟默喻的體知不需要豫測、衡量、計劃，乃是說這種豫測的「地圖」隨我們經驗而一直改變、擴大，而經驗的主體也依著變化。在這體認的世界，沒有什麼特定的知識可以包裝傳遞，只有人生展望及態度的深化蛻變，有時急激倒轉，有時徐緩育長。這不是運輸知識的包裹，乃是主格的親自經驗、變身。

這種體知如何才可以傳達呢？當然只搬運知識是沒有用的，主格本身在經驗悟知，如果有個信息（知識）的傳遞者，他就是要求我們服從信任的知識權威，與我們接受這樁知識的經驗完全無關，而我們接受者的主體性及人生經驗就全無意義了。由是直接傳遞主體悟知的計劃必致挫折，因為直接傳遞必須豫先包裝而客觀傳遞。這種客觀知識就與主體相離，不是體認體知了。體知一定要從心裏喚引激出方可。這種喚起傳達法有什麼構造？

莊子以「卮言」標明喚起傳達法的特徵，「卮」是個酒器，滿則傾，空則仰，隨物而變。卮言隨物勢而變，由而喚起適切的領悟認知感應。莊子的言語是酵母起泡，不是遺跡可棄忘。摩洛龐地 (M. Merleau-Ponty) 也說過了：「文學的傳達，不是作者單純地直指現成的意味，他要用傾斜間接的行為來慫慂喚起新的意境。作者的思想不從外面控制言語；相反地，作者本身是個新的詞句，自己建造自己，發明新語法，新表現，一直依照意會而蔓衍多端。」 (M. Merleau-Ponty, *Humanism and Terror*, Boston: Beacon Press, 1969, pp. 8-9.) 適切的喚起就是讀者被慫慂而開始自己思想，這慫慂在乎作者本身展示其自由性於他的新的詞法，由是而呼召讀者感應，進入讀者的新自由，這是在天地間「實存的詢問」(Merleau-Ponty)。

二、喚起的句法

以言成事，有三種句法：履行句法 (performative discourse) 裏，「說」即「做」，這是奧斯丁 (John Austin) 所發見的；如法律的契約之「言」，即是契約之「行」。命令句法 (prescriptive discourse) 裏，直接的命令明示具體的步驟，使聽者依令履行；在此，「說」即「操縱使人做」。在喚起的句法 (evocative discourse) 裏，「說」即「慫慂

使行」。卮言是以暗諷反語而使行的喚起詞法，這是摩洛龐地 (Merleau-Ponty) 的所謂「間接言語」(indirect language)，也是齊克果 (Kierkegaard) 的所謂「間接傳達」(indirect communication)。

這個喚起傳達有特異的結構，第一是關於喚起句法中的「詞句」。(a) 在喚起傳達中語句要依實際情況而變化展開，概念破開了，裏面的核心炫耀出來了。這些意念不指向事物，只喚起反應；這些意念不說及事物，反而帶讀者走向事物，使事物呈現。(b) 這是卮言，是意旨內容的言語，作者不在其背後監視或負責所言。卮言中有一種詞法叫反語，在反語的世界裏，所說的不是所意指的。如果我們用我們的話來套說齊克果 (Kierkegaard) 反語的定義，我們可以說反語沒有說出什麼特定的題目命題，反語只在輕快敏捷地指而不指，指示非所指；反語柔妙地遊弄虛無。它的輕浮是嚴肅的，它的嚴肅是輕浮的，反語在蘇格拉底樣式的無知 (Socratic ignorance) 裏自由飄遊。(參考 Søren Kierkegaard, *The Concept of Irony*, Bloomington: Indiana University Press, 1965, pp. 273, 286.) 莊子用句如用反語，嚴肅地暗指格言，而他的格言又是輕浮的陰喻所意，因此林語堂說我們要視他為一個幽默的作家，莊子寫得深遠時，他正是輕浮妄言，而他在輕浮妄言時，他才是玄遠無窮。(Lin Yutang, *The Wisdom of China and India*, NY: Random House, Modern Library, 1942, p. 627.)

喚起傳達第二個結構特徵在「讀者」。(a) 讀者不知不覺地引入於卮言所指向的意境，不過在此傳旨過程中沒有著者權威在指導，所以 (b) 讀者可以隨己所欲去探究體察，自省自得，這就是間接傳達的本旨了。作者好像在編織一幅花氈的反面，一切好像亂亂雜雜的，直到有一天讀者豁然大悟，忽覺美妙的深意圍繞他。作者下工

夫，是在字裏行間而不在明明說出來的句子，讀者要自己去費神細嚼，才可以有一天發見其中的奧意。

喚起傳達的最末了的特徵關於所傳達的信息「內容」。所傳的不是已包裝好的一套信息，乃是 (a) 呼籲讀者一起來探究事物的現況，同時一點都不擾亂它們——如莊子說：「入獸不亂群，入鳥不亂行」(20/36)，所傳的不是通常可傳達的知識見聞，乃是自由自得的喚起。(b) 這句法等於呼召讀者歸返自己，進入常然固然的天放境地。我們回到天然的本己，就可以悟得周圍的本然天相，由是適己生於其中——如庖丁所說的，「依乎天理……因其固然……」(3/6, 7)。

總之，詞句、讀者、內容——這三者在間接傳達中改變了它們的性格。這三者互相滲入，互相吻切。

詞句由是變成比喻之言。「比」是「二人為从，反从為比……引作相與比敘……因此及彼……」(《說文解字詁林》八上，文三，臺北鼎文正補合編，7–367)。「喻」雖在《說文解字》裏沒有，可是「俞」原是「天然木舟」，所以在《正中形音義綜合大字典》說「……以俞作『天然木舟』解，在古代為通江河兩岸之工具，喻在求雙方的通曉，有如舟之通達兩岸……」。約言之，在間接傳達中的詞句是比喻之言，因此及彼，有如舟之通達兩岸，將讀者帶到悟曉的彼岸，詞句本身有的內容，只待讀者自己去了悟。

至於這樣悟曉的讀者，不只得了知識，更是個成長的人，能自動自由去順物獲理，這樣一來，在這間接傳達所傳的「內容」也並不是知識見聞之類，乃是由讀者自化自省自得的力量。

間接傳達的結果是「自由」。卮言自由地適順事勢而變化，從詞句發洩出來的語意應和事物情態。至於卮言發言者，是反語作者，連齊克果也說：「(他) 享受神妙的自由，沒有止境……恣意遊戲，

橫行深淵，正像大海的大鯤，……完全脫離憂慮……及喜樂……。最慈目的是反語者完全不管尊貴階級。反語是自私的，它打倒野蠻，本身卻仍是蠻粗野的，反語風氣像歌鳥從個人飛翔出來，飛到鬼都不管的情地……」(S. Kierkegaard, *Irony*, pp. 296, 411)，那隻歌鳥當然是那大鵬，牠開始那部莊書，牠就是那「意怠」之鳥 (20/30)，真人乘牠而遊生了。

這大鵬，是莊子所謂的卮言，在間接傳達中，作者與卮言是互不束縛的，而讀者對卮言也是自由的。

作者是自由的，因為反語等於裝假及虛說（所說非所意）。由是作者得「懸解」，與反語不相干，不必負責他所說的到底是什麼意思。他正如蘇格拉底所指責的詩人卜者們，他與他們一樣，不知道他自己話語的「真意」。這意思，依照讀者聽者的程度、情況、看法而變易。

同時，讀者也是自由的，不必被所傳達的內容束縛。因為所傳的要靠讀者的洞察力而決定其深遠。所謂的「語意」屬於讀者，是讀者被卮言激發而意創出來的。他自由地去領意，去省察，去探究，覺悟。

總之，卮言、作者、讀者，這三者都是自由的。這自由境地是在森林中一個開闊的空地，使日光洶湧進來，使光線與影子互相戲弄，使反響與靜默共鳴。從這裏露現的意味是自然流出的萬有的天籟，由卮言的激發作者讀者的相關係就成立──這都是天放、天然。

美國一位文學譯者叫華特遜 (Burton Watson) 的，曾翻譯莊書。在其序言說：「畢竟了解莊子的路徑，不在於系統的理智分析莊子的思想。我們只要讀了再讀他的話，直到我們不想他的話在說什麼，只隱隱地直覺話語背後在活動的心思，以及這心思來往的世界。」

(Burton Watson, tr., *The Complete Works of Chuang Tzu*, NY: Columbia University Press, 1968, p. 7.) 我想其中的一句 ，「話語背後」，要改成「話語中間，裏面」，因為作者不站在後面操縱其話語，乃是他自己成為新的詞句本身逼進而來，同時他也不溶合消失於其裏面。其餘的華氏的看法，卻是至理名言。

可是過了幾頁之後，華氏卻發表他的擔憂了。他說：「既然莊子故意顛倒語句的價值及是非，我們怎樣可以知道他是否在誠心實意地褒揚某件事物？這是詮釋道家諸作中最麻煩的一個問題。」（同書，p. 18）

其實華氏在此在追尋逐字直說的指示（「誠心實意的褒揚某件事物」），這直示法使喻喚法變成冗贅無用。這等於廢除卮言句法。這追究必至挫敗，而由這失望當然必產生責難莊書之隱晦曖昧，神秘輕佻，饗樂無實，因為莊書中無法找出「誠實的語意」。這識知式的逐字主義也當然會產生很多所謂「忠實」的注釋者，厭厭煩地反復整理字句，明晰釋義，等等。

這些作風，是來自以為莊子笨拙地用卮言（那不正確的妄語）來傳遞一些知識，這點我們已經說過了。可是莊子的卮言，正是要反對這種客觀傳遞的。這傳遞阻滯「領受知識者」的成長自創。莊子費神費全人生，去培養「傳達」的真旨，即使我們真正進入實在的事物的情勢。卮言的反語完全不是直說直敘，乃是一比喻又一比喻，因此及彼，猶如木舟，將讀者搬運到真己的彼岸。

三、齊克果及莊子

上面提過齊氏幾次，我看需要明釋他與莊子的異同：他倆有幾點是相似的。齊氏特提客觀思惟的直接傳遞，把它擱置一邊，另倡

主觀思惟家的間接傳達，強調其重要性。同樣地，莊子避免傳遞識知式的信息，喜愛生活經驗的喚起相應。齊氏尊重讀者的個別主格，莊子共鳴而使作者讀者無牽制地互相應和，各自醒悟及常然自適。齊氏要使作者澈心思惟，無名地提供其思惟，讓讀者自己也去思考那題目，這種寫作方法齊氏謂為「雙重反思」(double reflection)。莊子反映這反思法，在莊書裏戲弄的卮言是沒有作者的權威的，以致使上述的華氏禁止我們分析語句本身。又因話句指非所指而我們覺得難度其語意。尤其是齊氏的幽默反語與莊書卮言可相比美。因為兩者俱隱藏輕佻於嚴肅之中，也隱藏嚴肅於輕佻之中。

　　同時他倆也有三個不同的地方。第一，齊氏有的是苛刻的絕望，倒鉤的諷刺，他的作風是蘇格拉底的牛虻的尖螫法，一直挑惹怠惰自滿的基督教團，刺傷他們，使他們徹悟「成為基督徒」是個狹而艱的路。他那辛辣的反語，全面性地攻擊當時社會的情境。

　　第二，齊氏確有他特定而明顯的目的，這目的是要將讀者個別地引進基督，這確定的目的使他的言語呈現一種客觀知識的情味。因為他又一直力言，說他不傳遞知性的命題，只在喚起基督人格的同時代性 (the contemporaneity of a person)，他確定的目的未免使他反語法呈出一種詐欺的氣味，東扯西拉地，讀者不知不覺被「騙」來信仰基督。齊氏「嘲弄」聰明人，「哄騙」普通人，「勾引」他們陷入基督的羅網。（S. Kierkegaard, *The Point of View for My Work as an Author*, NY: Harper & Row, 1962, pp. 27–31, 38–39, 73, 90, 159–61，又看 *The Concept of Irony*, pp. 266–68, 272–75.）

　　第三，齊氏要求我們有反理智的跳躍，跳進神聖的「背理荒誕」(Absurd)。齊氏的「存在的論理」原是要反對抽象思考的，他卻矯枉過正，以至於反對一切的理性合理。他定義「理性」為識知，而

為要反對它，他得讚頌不合理的荒誕。結果他不能說明為什麼他寫的文章本身卻可使人了解，並非隨隨便便不合道理的狂文妄語。

以上最後的一點使我們連想到莊子的應答。存在的「論理」並不是不可能了解，而「了解」有其獨特的論理，否則沒法傳達。「個別的生存存在」也並不等於跳入荒誕。當然存在的論理裏，不能容許普遍性的邏輯，因為在邏輯無名無氏的抽象境地裏無法有個別的人格存在的餘地。可是這麼說不就等於說個別具體的存在是整片的荒誕無理，完全無法了解或傳達。「可能」與「現實」的區別，也不就等於「抽象」與「具體」的界分。因為前者的分別在抽象思惟的世界裏也有，在日常血肉的世界裏也有。最重要的就是我們要察知「有理性」的作風是有幾樣不同的樣式，而存在與思惟都可合乎論理，思惟只是推理性的合理，存在是喚起性的合理法罷了。

關於齊氏的第二特徵，我們不需贅言。信息的確定，折斷了傳達者與受喻者兩者的自由，這裏缺欠任性成已，天然應和，這點說明為什麼在莊書裏沒有詐欺的因素。

齊氏的第一特徵——苛刻的絕望——剛與莊子淡漠的自悅相反。有時莊子也抨擊政府制度，不過他抨擊只限於他回答別人稱頌聖賢之治。他有時也教詢養生之道，但他的訓示是隱晦不可捉摸，也是不輕易說出。齊氏挑撥性的憂鬱，釋明他如何喧囂地過日子；莊子的悅靜淡如水，也解釋他的沉著自若。

在這裏，兩個問題湧然而生：第一，如果莊子不傳遞確定的知識，他間接的喚起到底要叫喚起什麼結果？到現在，我們主要的是考察喚起句法的過程，關於其結果沒有詳述。第二，如果直接傳遞知識不是莊子的方法，這種直遞法之去棄，豈不就陷入齊氏那樣的無理荒誕？直敘法與間喻法之間有什麼關係呢？第一問題我們現在

馬上討論。第二問題我們留到丙段才來追尋。

乙：音樂性的詮釋

我們最焦急的問題是：既然傳達的信息沒有確定的內容，我們怎能去找它呢？即使找到了，我們又怎能知道我們找到了？如果傳達的信息沒有確定的內容，所傳達的到底是什麼？如果卮言境地裏作者與讀者一起合作共創新的意義，到底那是什麼意義？

因為莊書不傳遞信息而是在激發共鳴，傳達的結果不在知識的增加，乃在新激起的境界。這就是說，在間接的喚起的傳達裏的成功，全賴於成功的過程，那喚起的情態本身。激起自由天放的共鳴，就等於開始點燃了全宇宙萬物的互應互和。

具體說來，就是如下。莊書裏的故事暗諷都是反語性的，似是而非，似非而是，所說的不一定是所意指的，這就等於抱擁一件事題的諸多方面，卻並沒有特定判斷，不說某某見解是對，是錯。這種「擁多方卻無定斷」的作風激起讀者，使讀者自己去思考——在這裏，他非得靠自己的力量不行，他不得不盡其所能去親身熟思某事題諸多的方面。這種反復細思的訓練，就慢慢地使他的洞察力成長，成長自己，培養胸襟與眼光，讓讀者各盡各的力去，去發展自己。由是愈來愈熟識人間萬事，同時由是而宇宙的靈活的實在也跟讀者一起呈現眼前了。這是蘇格拉底式的助產術，莊子同時助產讀者與宇宙兩者之實在。

莊子沒有正統的千古不易的真理，莊書有幾個相近似的眼界相疊互滲，由是產出各色各樣的解釋，在諸多讀者的心眼中展出不同的「實在的藍圖」（這是「地籟」），反映著人們各色各樣的經驗（這是「人籟」）。人籟地籟襯出那不可言喻的原本玄遠的「天籟」。地籟

由它成立，是萬物的自然常然，人籟反響它，使人們自創層出無窮的眼界及解釋。這種詞法，使言語成為各色各樣的境界而相逢，使諸多的詢問反響、相答、相襯。言語是這樣的「木舟」載道，這樣的羅格斯 (Logos) 在相聚、相寓，寓言而形成大自然的「體系」。

一、大自然的音樂

　　人與地的交響籟使我們了悟天籟的反響共鳴。大自然是一個整大的音樂。我們所謂的音樂有個構造。第一，它是音樂譜及演奏的合成，是作曲者與演奏員的相配，作曲家設置氣氛，配合樂題、旋律。樂譜是朦朧不清的路標，讓演奏家響應而走向自創地奏樂的路。奏者不只謄演樂譜所暗示的。原來作曲者將在他心竅及大自然的深淵所洩聞的，把它抄寫紙上，作為樂譜。而這抄下來的樂音痕跡要經過奏者的心絃詮釋，由是而發出來的音樂，是歷史上的一事件。沒有二次的演奏是一樣的，著名的提琴家美紐音 (Y. Menuhin) 說他「曾已演奏五十幾次的貝多芬協奏曲」，他也錄音了五、六次，每次都不同。一樣的曲子，你看同樣的奏者，演奏出來每次都不相同，因為每次要重新當場體悟曲意。每次的情場又不一樣，作者要靠奏者開動呈現音樂；同樣地，奏者要靠作者找尋所要奏出的節調。

　　第二，這作者奏者的關係，重複再演於奏者與聽眾的關係。好的音樂不僅繫乎奏者新鮮地活現樂譜所暗示，更繫乎奏者與聽眾的諧和相應。音樂是個雙重的等式，一邊是演奏（它本身是作曲演奏兩者組成的一個小等式），另一邊是聽眾的吸收及反應，來完滿演奏的力勢，完整。這是音樂的形態。

　　一樣地，詮釋學衡量書冊及讀者的音樂諧和的等式，莊書就是人生釋義，人生經驗的演奏，讀者以讀者本身的釋義來響應，後代

的讀者看這響應，覺得有價值（這判斷又是一個響應），就把它流傳下來，編成一部「註解釋義」。之後，莊書及其註釋成為莊學傳統，來喚起歷代讀者的響應。而莊書、註釋，及歷代響應（層層的註釋）置於一邊，另一邊放很多被這莊學傳統所引起的人生體悟，我們就得到音樂樣式的一大等式了。心竅深處向莊書發生的響應，轉成人生了悟，我們不知不覺地忘了莊書，自己進入深刻的生活體驗，由而徹悟大自然。這種體驗，這種徹悟，是與大自然一樣地活生生的，一樣地自然淡漠的。

　　傳遞消息就不一樣了。客觀知識的傳遞，主要的是無漏的正確的傳遞，音樂性的詮釋卻要有聽眾讀者從心底深刻的生命響應。這響應深化生命，摸觸天籟，與萬有之母的大自然的韻律一起脈動。

　　由是，讀者可以再回頭判斷莊書注釋，甚至鑑定莊書裏幾段文章，由是〈外篇〉〈雜篇〉之稱謂出現了。〈外〉〈雜〉兩篇的文章，不像〈內篇〉那樣激發心竅深響，因為文調、展望、聲勢，中肯妥貼，都不如〈內篇〉的精銳、元氣。這些評判、欣賞、激發、洞察、響應，我們叫「莊學」，一面批判一面吸收，一面響應一面評價，由是增強人生的力量，由是參入宇宙的日新動向。

　　總之我們可以看到，一切都在讀者身上，不在文字。我們讀者要去抓出文章所指向的，實行其理想於我們日常生活之中。莊書之「籟」音要化成讀者之「籟」生，而「天籟」可算是呈現於此世了。這就是「間接傳達」，就是莊子的喚起之方，演奏之道。這是他所說的不道之道了。

二、暗喻裏的客觀逐義

　　我們要注意一件事。以上所說的不拒絕否認客觀逐字逐義的用

處。它有什麼用處?「反語」法給我們回答:反語所云非所意。這怎
麼可能?有幾個因素使反語成立。第一,反語所說的,先要使人聽
懂,帶有某定語義,它是日常通義。第二,所說的要否認所意指的。
第三,這「否認」在所言之中方可發生。因此,所「否」停留於所
「言」之中,成為肯定中之否認,否認中之肯定。什麼都沒丟棄。
反語文章暗示所否認,也否認所暗諷,由是反語開動了喚起的動作,
展長讀者的想像力,削銳其靈敏洞察,使之參入實際事勢。

　　這樣地,反語搬運讀者。反語有比喻的力量;其實,反語可以
說是比喻的一種。因為比喻說出它沒有明說的,而其道有三:(1)比
喻「否認」它所明言的,反語即其一例;(2)所明說的「異」於所意
指的,諧謔即其一例;(3)所明說的「少」於所要說的,詩文即其一
例。我們幾乎可說反語是諧謔的特殊的例子,而諧謔是詩文的特殊
的例子。因為這些句法都是比喻的「木舟」搬運我們去了悟的彼岸。
所明說的,我們可以逐字逐義了解的,被改造成為另一個默契的意
味。比喻一說出,就有兩層語意:明言的,默契的。這是莊書所指
的「兩行」的句法 (2/40),也是王先謙所以為的「寓言」——「言
在此而意寄於彼」。一般說來,一切言語都包含比喻性質,摩洛龐地
(Merleau-Ponty) 說言語好像是一幅圖畫。 (M. Merleau-Ponty, *Signs*,
Evanston, IL: Northwestern University Press, 1964, p. 52.) 古希臘時代
已有西蒙尼底斯 (Simonides) 已說:「詩是語言的畫」。吾國蘇東坡讚
揚王維說「詩中有畫」,朱自清接著說「文中有畫」(〈山野綴拾〉),
徐復觀竟費了幾頁工夫闡說「中國畫與詩的融合」(在他的《中國藝
術精神》,臺灣學生書局,1976 增補五版,pp. 474–84)。莊子如聽
到這些,定會稱心悅懌的。一切中國的好文章都富有詩意。這是說,
真正名符其實的「言語」必有力喚起我們心裏的潛力去體驗言外之

意的。海德格 (Heidegger) 的一篇文章〈什麼叫做思惟？〉(Martin Heidegger, *What is Called Thinking?*, NY: Harper & Row, 1972)，有一位海氏注釋家理查遜 (William J. Richardson) 譯做〈什麼喚起思惟？〉(William J. Richardson, "What Evokes Thoughts?" in Richardson's *Heidegger: Through Phenomenology to Thought*, The Hague: Martinus Nijhoff, 1967, pp. 596–665.)，都是同樣的意思。

　　有一個小男孩在動物園指著麒麟說：「狗兒！」惹起他媽媽的歡笑，擴張了「狗」的概念。由他看，任何四足動物都是「狗」，我們不能只說這小孩子把字用錯了。因為這個「錯」就是擴張想像，思惟的比喻力量，把我們從普通意念界限裏帶出到完全沒有想到的新意岸。誰叫我們從蘋果之落地推想（推論）到海潮升退，月星運行？誰能想這三者其實屬乎同一範疇，猶如麒麟與狗屬乎同一類目？那男孩就是發見萬有引力的牛頓 (Newton) 的前身，而詩化的牛頓可以看到更多的事物——每一個事物是用以看千狀萬態的立腳點及展望。每個學說是一個觀點 (theory, theoria, an outlook)，而學說之好壞，在於其應用範圍之廣狹。詩化的牛頓不但在落地的蘋果看出萬有引力，更可乘那大鵬（名叫「比喻」！），駕著天地六氣之辯，以遊無窮！這大鵬之別號「神使」(Hermes)，神秘信差，有翼有足，周遊天地各方，運搬通達物意情境。難怪這位神使 (Hermes) 就是所謂「詮譯學」(hermeneutics) 的前身。（參看 Richard E. Palmer, *Hermeneutics*, Evanston, IL: Northwestern University Press, 1969, pp. 13, 242–53.）這神鵬飛騰得愈高愈遠，我們知識（科學，了悟）就成為愈廣愈博。受教育的本意也在此，要我們獲得運轉移意的力量（正如耶魯 (Yale) 大學出名的哲學教授布朗沙 (Brand Blanshard) 所說的）。

　　莊子又加上一點：我們之所以能夠這樣成長於比喻之力量的原因，是源自宇宙本身是比喻性的。大自然說出一件事，等於說盡全部真理。布雷克 (William Blake) 也說了：「在一顆砂粒裏看全世界，在一朵野花中看天堂，在你手掌可握著無限，在一剎那裏蘊藏永恆」(William Blake, *Augurus of Innocence*, 1.1)。

　　更可惦記的，大自然以沉默說著，無時無刻地默默地說出真理。大自然的沉默富有意義，大自然「有意思的手勢」層層地呈出重重意味。它有太始的語意體系，一直相應、相響、相反映。大自然是一陣陣的相互文字謎戲，多樣態度的相談相晤，很多有意義的相觸相和，猶如兩個角力士的相搏，我們與這大自然的無系統的系統調和，則可知曉其比喻性的詮釋秘訣。

　　雖然一字沒有其成分要素（筆畫，部首）則無法成立，這些成分卻不帶有那字的意義。不過我們一定要通過這些成分才可達到那字的字義。這些成分就是「神使」了，我們釋義的媒介了。相似地，大自然諸多的聲響是諸多密意的意義成分，由而產生語意，指導人生方向，呈出諸多人生觀點。颯颯的風聲，默默地告訴登山家，一套的消息——如何、何處、從何處等的信息，也默默地訴出另一套消息給水手，又將另一套訴給探險家，又將另一套給放風箏的人，又將另一套給詩人，正如樂譜暗示諸多情趣給諸多演奏者一般。大自然的「樂譜」渾沌含糊，可以容納多種的詮釋含義。大自然是富有音樂性的暗喻，脈脈地湧出多種的含義。我們要抓出這隱意，必須運用我們詮釋想像力才可。

　　大自然是如此地日日新生，生生不息 (natura naturans) 使萬有活生生的存在，因時而異的並立。我們的言語有比喻性，原是來自大自然默然的比喻，讓我們表現它的隱意。在大自然常有可豫待，不

可言喻，出乎意外的深厚含意。「比喻」的任務是要讓接受自然喻意的人自己能從無言的「豫待」搬運到出乎他意料之外的意味境地。結果，在大自然裏沒有確定一套的含義可掘出，注重逐字逐義法的比喻終結於殺死比喻本身。

可是，「沒有確定的含義」不就是「沒有含義」。「沒有確定」是因為含義太多了，無法一次都把它盡拿出來。我們之悟得那些含義，要憑我們之能夠（且願意）適應及響應事件裏的「樂譜」，或書冊中的隱符。我們與這些音符意符共應，我們的「德」力就「充」實大自然及書冊的音「符」，德與符就互相深刻長大。

而且，我要再重說一遍，這樣德符相長之可能，是出於大自然是比喻性的，我們願意寓居於其深喻暗旨，大自然就顯明其含義給我們。我們得了這種層層的含義，就日日長大，成為天地寶庫的內行人。我們成為「天府」裏的人，天府之意鑑及顯明之重點之一。我們成為大宇宙中的小宇宙了。

郎格 (Langer) 說音樂是沒有斷言的發言 (Susanne K. Langer, *Philosophy in a New Key*, Cambridge: Harvard University Press, 1942, Chapters 8, 9)，我們可以說大自然也是沒有話語的表現。這表現使人發言，這有意義的沉默由詩人及科學家激發出有組織的言論。

大自然是有音樂性的。莊子是它的作曲兼奏曲家，我們是聽眾兼演奏家，且希望也是與他一起作曲的人。我們大家都是大自然的一部分，在大自然裏成為它的理性鑑鏡，省察著、反省著，由大自然的隱喻意味而反映出很多合理的「邏輯」系統。

這樣，人與大自然的對話的結果是「天合天」的自然調和，我們深思的人成就這偉大的調和，也順應這調和。真人將一切「和以天鈞，順以無窮」。畢竟我們本身成為天和天化，保存莊周與蝴蝶之

分狀不亂，同時又參與萬有相互的物化。莊書說聖人是「天地之鑒，萬物之鏡」(13/4) 正是這個意思。

三、比喻是不可或缺的

在這裏我們要注意一件要事，「比喻」不是可有可無的想像力的副產品。比喻句法喚起自由，否則生命及本性皆會殘缺枯萎下去。生命的煥發，與比喻法喚起自由並行。本性的殘萎，來自客觀死定的思想由外面不關個人各自情態地遞給。

不關個人情態的無人情的道德主義由是就來臨了。它採取社會的、宗教的，或政治性的「團體群眾命令」的形態來壓制我們。再者，適者存活的「野蠻森林律」成為每日生活的樣式。如在商場競爭，利益或權利的爭奪平衡，甚至恐怖行動、暴虐行為，就在這爭奪社會中發生了。或者，無意義的「必然性」重重地壓在每件事物上，例如冷酷的永恆輪迴，全宇宙機械論，斯機那 (Skinner) 式的整體控制，以電腦觀點處理人事等。由是虛無主義終於進來否定自我及世界的存在。在全宇宙什麼都行，什麼都不行，社會變成一種頹廢的「文化」。這都是來自逐字逐義的客觀主義，變成非人性的客觀操作。知識、技術、控制、操作，及機械式的虛無——這些概念每個暗指其他的概念，而這種相互含蓄的意網，終於使人性陷落其中，死於囹圄。

社會情形如此，個人情況也一樣。既然棄絕喚起性的人生觀，正統正意的道德家就姍姍而來，以種種行為規則來壓制私人生活，摧殘政治太平。最大的傷害就是個人把這社會行為規則內面化，自動去追求社會所設立的理想。因個人本身以為它真是他本身所意愛的理想。個人就盡瘁奴役別人，「得人之得而不自得其得」，使人快

樂而自己完全不快樂。在他自己深深的心竅裏，喚起性的相互性不但被壓制了，甚至被暗暗地譏笑了。他以為那只是浪漫的幻想。這情形真是盲從社會的最最徹底的病相了。在這裏那原來的充滿個人完整人格的宇宙的相互性都摧殘無跡了。

這慘劇來自錯誤的兩分想法。我們以為宇宙如果不是以規則規定統治，就是完全混亂不堪。我們不知道有第三條路。我們沒有想到我們向來一直居住的世界是有秩序的，而這世界（大自然）卻一直沒有顯然的規則，更沒有壓制性的規則，這是個不可否認的「事實」。在這富有生命的大自然裏，我們遇到事物，我們順應它們，這世界是「界場」性的，不是規則性的。我們本身跟它們一起變化，跟它們互相順應，我們的「規則」隨而改變。

換句話說，大自然是一大部自發性的任性音樂；否認這天放就是死亡。如上所述，莊子是個作曲兼演奏家，讀者原是聽眾，而後轉成（喚起成為）演奏自己的音樂。這音樂成為讀者本身的人生。莊子之有完整性，有權威，在於他之能夠喚起聽眾自己造曲發揮新的音樂。

斯機那 (Skinner) 的《第二華爾頓世界》(Walden Two) 裏一切思行都被控制，甚至內心志向情感也被控制。在那裏沒有新的音樂創造；「幸福」是用「行為、文化技術」的工程技術設計出來的，以致連「自由」的思念也不會生起來。住民連反抗的思念也被奪取了，他們只「覺得」很自由，一點都沒問題。《第二華爾頓世界》裏完全沒有自由掙扎的痛苦，只有順利的幸福快樂。住民的生活一摸一畫完全是控制者寫出來的劇本的演出。住民本身沒有辦法撰寫他們自己的劇本了；「大自然的表現性」已被破毀了。一樣地，道德主義、達爾文主義 (Darwinism)、機械主義、虛無主義，都是描寫這樣的死

世界。它們壓滅自由的喚起，殺光個人的個性。

我們無法詳盡列舉一切的軌範，由而判斷什麼是正宗的比喻，什麼是冒充的敷衍，想像力輕佻的飛翔，由而指導後者歸向前者。我們無法如此做，因為想像力是無法「指導」的，它是它自己的指導。俄國似的指導想像力，等於摧毀它的創造力。唯一的指導就是「沒有指導」。甚至錯誤的見解，如懷特黑 (Whitehead) 說，也舖著走向新穎的路徑。(A. Whitehead, *Process and Reality*, NY: Macmillan, 1929, p. 284.)

這不是說一切可以紊亂地東奔西竄。沒有指導，沒有規則不就等於沒有秩序。因為如上所提，我們人類一直住在沒有規則的有秩序的世界。比喻之道（邏輯）在於把聽者從逐字逐義的這岸，明明說出的字義語義，搬運到沒有說出的，喚起而生的，新義的彼岸。這搬運是依著上下文的語脈而行，這「語脈」包含語義（逐義）及情況，作者的情況及讀者聽者的情境。這兩個情境不必相同，只要相切相關則可，各自任意地聚合形成新的意味。文句沉潛於讀者聽者的心裏及生活中，日後有新的情況，就湧出新的含義，或創造新的會意出來。莊書本身富有無限的隱意、暗示性。比喻的論理是相關配置，含蓄暗諷，互相示唆的。短言之，比喻之道是喚起之道。

相反地，這種句法如果沒有激起讀者，讀者如果不想將書說放在日常生活裏去探索其含義，也不想去在日常生活裏創造新義，這句法就算沒有喚起讀者，總算是失敗了。

丙：了 解

一、機 心

可是我們心裏還是不安。直接傳遞和間接傳達有什麼相互的關係？喚起句法豈不需要逐字逐義法嗎？比喻暗諷真的需要與客觀知性（或計算知性）分手嗎？為什麼我們要偏愛比喻喚起而棄絕計算性的邏輯呢？

知識的直接逐義傳遞只是我們理性諸多特徵的一個。這特徵有時叫客觀知性，現實主義（這是 Palmer 在其 *Hermeneutics*（前揭書）常用的句子），有時稱為數學知性 (Pascal)。它的特色易而顯明：正確、周遍、有系統的，可計算的，以規則為中心的，與環境無關的，也與操作人士無關，只管操作，別無他事。

為了要了解直傳與間傳的關係，逐義與比喻的相涉，我們非凝視「機心」（所謂「人工理性」）不可。因為工程性的想法是識知逐義主義的結晶，而人生理性是以比喻喚起法活動。考察電腦知性及人生理性的關係就是要了解逐義主義與喚起句法的交涉的最好路徑。

康德 (Kant) 著有《純粹理性批判》，徒萊福斯 (Dreyfus) 最近著有《電腦所不能做的》(Hubert L. Dreyfus, *What Computers Can't Do*, NY: Harper & Row, 1979)，總算可說是個「人工理性批判」，或莊子所謂的「機心」批判。在這裏我們要繼續徒氏的批判，去審察電腦理性的特色，其異於我們自由靈活的人性理性的地方，以及其與人性理性的相互關係。

起先我們要描述什麼叫「機心」。所謂的「科學上的說明」就是依這機械性的理性而成的，在此計算過的資料才算是科學說明，而這資料可用一個定義去籠統說明，不管其背景或其互相關係。一切知識可用計算來解釋。「理性」或「理論」即邏輯，邏輯即計算。全宇宙原則上可分析成為可數可算的斷片因素，每個因素是獨立的，

與其他因素沒有關係，與其背景環境也沒有關係。人類的理性本身就是一個計算器，收入及記錄外來的資料而計算它們，依照一般的信息處理法 (information processing) 去整理它們。這是一般機械的整理法，一般的機械碰到某一對象（東西），要「先以視性的裝置由這對象分析出一組特性，然後用觸覺機由同一對象觸出另一組特性，然後比較而整理這兩組特性，而為要如此做，這部機械先要找出每個對象特有的存在型式，然後依照一般對象的共相去分析」。(Dreyfus, *What Computers Can't Do*, p. 249.) 這完全是個客觀性的操作，也是西方哲學有史以來的主要傳統，這即是西方的所謂「理性的操作」。

計算性理性是如此地客觀性的機械操作。人性理性卻無法「嚴密的型式化」的。人性理性的強處在於其廣泛性及靈活適應力，這適應在籠統的世界觀的背景裏發生。人性機性兩者的對照可簡述如下：

機械只依嚴密規則去處理一片片互無相干的信息。人性理性卻可變通自如去適應時刻更新的情況。機器要靠賴服從豫定的一組規定，所以只能應付某定數目的情況，其他情況就無法措施。人性理性卻可伸縮自如地依照籠統經驗的大體型態來察出大概的重要的地方而變通處理。這種「型態」及「察出」也只是略定的，可以隨時隨地修正調整，以適合每個情境。人性理性因而具有很大的權宜性。

例如，人生重要的實存選擇（如愛上某一女士）既不是由於發見一組「久存的價值」在那女士而發起，又不是完全無因的荒誕傻事。事情不是那麼簡單的，乃是在發生愛情後，他的需要及他的全人生明確化了。他現在看他自己本來就需要那種特殊的人格關係（而從很久以前就需要那種關係）。這種看法以前沒有，現在因她進入他

的生活裏才有的。這是一種全人生的轉變，他自己整個定義的改變。
而且不但他變了，連他的世界──全世界──也變了，呈出全新的
意義了。新的關係帶來了新的世界。這種人格革命，世界革新，可
與崑多碼 (Thomas Kuhn) 的 《科學革命的構造》 (*The Structure of
Scientific Revolution*, University of Chicago Press, 1970) 比美。崑氏說
世界觀的變更，掀起科學前提的改變，由是惹起科學諸學說的總整
新，實驗方向方法的總修改；總之，掀起了科學革命。一樣地，愛
上了一女士，他的人生觀總整新、整變，而他的作風，處世型態也
變了。他的人生發生了一大革命了。

　　這就是說，在人性理性裏，資料及情況與人生型態及方向，互
相不斷地影響、變更。我們人性的需要形成人生特殊的目的，這目
的又因環境的變更而受影響而致變更。沒有一個事實有千古不易的
意味的，沒有一個人生型態可用電腦去計劃的。人性理性與經驗中
的事物互相影響，互相決定，互相根本地修整，「因為人性理性決定
什麼是事實，事實本身也因（人性理性的）概念革命而致變更了。」
（這是崑氏的話）資料本身因概念革命而變了，從今開始科學家手
裏有一套全新的資料可究查了，至於我本人個人的「資料」即是諸
多的危險及利益，這一大堆資料組成我的「世界」。我的世界，我的
目的，都不是主觀的了。是主客合一的大一統宇宙了。莊子所喻的
妙樂性名言：「天地與我並生，而萬物與我為一」 是千真萬確的真
理。

　　總括說來，機心有四項前提：⑴一切理性裝置（人的頭腦包括
在內）都是處理信息的，且以機械式的個別操作去處理的。⑵一切
理性裝置（人的頭腦也在內）依照形式規則 (formal rules) 去處理一
片片獨立不相干的信息──思惟不外乎資料處理 (data processing)。

⑶知識都可以用邏輯計算法而形式化 (formalize)——思惟不外乎計算。⑷一切信息只是一組固定的資料，與其環境無關——每個資料，每個因素，都是獨立的，孤懸於世的。

　　相反地，人心（人性理性）能夠⑴在某個情況類型中抽出（察出）重要的因素特色；⑵注意而使用在知覺邊緣出現的小小信號；⑶考慮處境；⑷依照模範例型 (paradigm cases) 而處世行事。儘管這種例型是怎樣不成形，不完全，儘管這種資料是怎樣微小繁多，儘管形式化的過程很不正式，無法確認，儘管情況特色埋沒於諸多處境之中，或相似的型態在複雜屢變的情境中無法確查——人心理性仍舊能夠察究而處世行事的。

二、機心與人心

　　到現在我們只說明機心與人心的相異。不過它們的相異不就等於它們的相互無關、乖離，或其中之一可以去控制另一個理性。相反地，它們是互相相關，相依為命的。電腦沒有人腦不能操作；沒有電腦理性，人們的生活也會缺很大效率，變得貧乏多了。

　　首先我們要注意。沒有人心的變通性，電腦是無法進行操作的。沒有人性理性電腦也不能處理人生裏的幾層重要的經驗。例如「幫助我！」這句話無法放進電腦裏。「幫助我！」是籠統性的句子，其具體的意思要看個別的特殊情況才可確定。可是如果「幫助我！」對電腦沒有意思，「我們應該互相幫助」 這句話對機械更沒有意思了。道德文句是喚起性的，應用無限的，每次都要倚靠特殊的情勢及說話者對話者的情境來確定其具體的意思。道德文句不是像 「開門！」那樣的確切的規定命語。電腦要切除一切道德說法，也要同樣地棄絕感情文句、藝術敘述，以及形而上學的文章。

更嚴重的，就是既然一切行動、動作都依循常變的情形才有意義，而電腦的動作都依照一定的規則而起，這種規則無法應和常變的情形。因為這些規則一定要有「其他情形若均相同」的條件，而「其他情形」及「相同」的意義無法列舉得完了，因為每天的情形時時刻刻在變化，敘述不了。一切的規則終究出源於此，我們說明我們日常的行動，最終究也只能說：「既然我們是人，我們的行為也是人的行為」。一切的理解歸根於我們「為人」的意味，而這個根本的人性，永遠無法顯明地詳盡地邏輯化、形式化、規則化。

現試舉一例子。我們原則上永遠無法找出一原因，或建出一個理論，來說明為什麼下面的例文裏的「它」字所指的是新的風箏，不是張三已經擁有的風箏。「今天是張三的生日，潤兒與轉兒一起去店舖要買個禮物。潤兒要買風箏。轉兒說：『不行，張三已經有風箏了，他會叫妳把它拿還店舖的。』」

再者，一切事實（如某組兩點）在某情況下（如臉上的眼睛）才有意思，而這情況本身又是在更廣闊的另一情況裏（如圖畫上的家屋）的一個成分，等等一直可以推廣情況。因此電腦需要推算一層再過一層的情況才可以計算具體的世界。但這層層的情況電腦是永遠記入不了的。因為我們儘管往後推，一個情況之後另有一個寬闊包容的情況，我們怎麼推，都推不完的。因此說明這些情況而構成它們的電腦規則，也無法造得完的。

總之，規則的往後推不完（如在張三的故事）及情況的推不盡（如在兩點當作眼睛）表明電腦理性要靠人的控制才有用，要在我們常識的背景裏才可以操作。這就是說，電腦理性要靠人性理性才有用。電腦裏面有個獨立無關的模型，人的理性裏的世界模型卻是世界本身（徒萊福斯）。莊子也說真人「把天下藏在天下裏面，東西

就不亡失」(6/26)。

　　這並不是說人類不必使用電腦；沒有它，我們的生活會變得貧困。我們需要它的逐義式客觀性的機械操作。一旦確定了目的、情況及方法程序，機械要代替人工去辦理反復性、數量性及有危險的操作。它可以很快地，很有效地，很正確地完成我們的籌畫。電腦機械幫助人性理性來衡量情勢，點出適切的地方，依照情況變化而調整我們的目標及意圖。運用它的輔助，我們可以適應時變的世界，也可以變化世界。

　　這種人機的相關相助可說是真人的一個特色。他「因是」而因循事物，乘物勢之風，物物而相應如鏡，勝物而不傷物傷己，不焦不溺。在每情況裏看出新的意義動向，從囚人、嬰孩、死亡學習新的真理。這些活動可以用電腦的操作而變得容易些、明晰些。沒有電腦，莊子的這些句子顯得太玄遠、太神秘、太離實際了。沒有電腦的輔助，莊子要我們與大自然交涉而成人的話語也只是茫然夢語。

三、自　忘

　　機械與人類的共利共棲有個危險，即有時人不用機械，反而被它改變人性而機械化。莊書所提出的豫防法是個「忘」字。在使用電腦當中，我們要忘記我們在使用機械，忘記那機械，甚至忘記我們本身。「兔蹄是要捕兔子的，兔子捕到了，蹄子可以忘棄了。言語是要得所意的，言意得了，語句可以忘掉了，我們怎麼做才可以找個忘言的人來談話呢？」 (26/48–49) 回答明顯地是：「使用忘言就好」。

　　這個「忘」字很重要；它有兩個含意。第一，荃蹄是為要得魚兔，言語是為要得意會。荃蹄言語都是器具，器具用完，就可以忘

棄。第二，我們不能不用它們，而最好的用法是用得好像已經用過它們，忘棄它們。

只有善於游水的人可以操舟如神，因為他將河水看似一片陸地，不需用船舟。他「不需用」船舟，所以他能「操舟如神」(19/25)；他看翻船像車倒退一樣。相反地，如我們一直攀船不離，就等於推舟行陸，毀壞那船。知者被知識糾纏，辯者被談論占心，要是沒有思慮辯論的機會，就鬱悶不樂了 (24/33)。這也是一樣的道理，他們不忘知不忘言，以致殘性亂世，知識造釣網來困擾魚類，造格羅來混亂野獸，造學說來迷惑人，這災禍都是由貪知而來的，是「好知之過」(10/35–37)。這些都是所謂的射士的「前期」之射 (39/24)。這是「射之射」，不是真的「不射之射」(21/58)。因為真正的自然的「器具使用法」是不可言喻的，是「不道之道」，連自己的孩子也沒法傳給他的 (13/72–73)。我們心中悅樂，自自然然地就有笑臉，沒有想到如何笑才是真的笑法。一樣地，用器具的最精妙的用法也是沒有方法的。這就是莊子的那迷濛的名言的本意——「造適不及笑，獻笑不及排，安排而去化，乃入於寥天一」(6/81–82)。

實行自忘就等於歸返這個自己本然的境界。使用筌蹄的當中，要用得恰如業已用過它們，已經忘棄一般地用它們。以「業已」的態度進入「當中」，恰如無用似地使用，得意忘言。我們就可以精妙地、簡練地、適切地運使言語了。我們可以縱橫無礙地托言傳神了。

這個隱忘的「器具使用法」就在自忘的境地裏活躍。帶子的合適，就顯明於腰帶兩者之俱忘。遺忘那適世之忘，天然之樂就來臨，我們可與魚類相忘於江湖。在人籟響聲中，口簫是口嘴的延長，而口嘴是全身的一部分。我們吹簫，是用全身的震韻而振起旋律的。在一大團的音樂中簫子已經不是簫子了，而它的有用，正在於這「已

經不是簫子」的情況中。只在自忘地沉浸於非簫之簫中才可以有萬
物的交響共鳴，人性與機械的和諧。

　　一切的學說及談論都是好像諸簫共響，不是「以陽召陽，以陰
召陰」(24/42) 地相倣或陰陽相剋，乃是自然無意地共鳴和應。庇勞
特 (Birault) 也說了，「釋義領意在於釋義及其言消失，而原意自顯以
養生」。（Henri Birault，在 J. Kockelmans, ed., *On Heidegger and
Language*, Evanston, IL: Northwestern University Press, 1972, p. 157.）
海德格 (Heidegger) 曾說：原「言」在沉默裏周流宇宙，萬物各復其
根。這就是莊子的天籟，沉默不言，海氏的冥隱 (lēthē)，玄遠的奧
秘，顯示成為真理 (alēthē)，成為不道之道。這是大自然無言的表
現，莊子的葆光、天府、宇宙之不可知，使各物自已。

　　總之，有害的不是機械乃是機心，不是數算乃是把取巧之心當
作人性之核心。我們不能太樂觀地完全依靠電腦；我們要把它放在
相忘相喚起的境地。我們在此境，電腦的各各孤立的碎片資料就變
成各自獨立的個人（「有分」），相互應和轉化（「物化」）。這就是大
自然的音樂，地籟及天籟的合奏曲。

　　要演奏這音樂，我們需要樂器──諸種簫子及筌蹄，並且忘形
忘己地使用它們。這種陰晦的器具就是惹喚的卮言，一直呼招人人
來注滿其卮器，一注滿了，它就傾注出來。「我怎能找忘言的人來與
他言談呢？」莊子在問，我們現在可以應召了。

　　莊書的〈德充符〉富有殘廢的人。他們引惹我們的注意，喚起
我們的人生冥想。這些殘廢的型態是卮言，是筌蹄，用來捕捉人們
的心意，以充人生的德力。這些卮筌一再顯於殘廢之型態，使我們
在其中看出真諦。卮器傾注，人生的意義就由一人流到另一人。我
們各各都是卮器，也各領受其傾注，共同領悟。我們是共悟的忘形

心友，怡然忘言，遺忘厄器，棄忘殘廢。大自然就是這大詭弔，使它自己被遺忘，默默地在殘廢的事態裏以無言發言，使諸多的處世之道術，享世的感觸，活於它的「江湖」裏。

人生富有厄言，激起著人生的德力。這個生力充溢了殘廢的「符」裏，就成為「德符」來引進很多事物與它相符應，它他們相聚而成為心友。這宇宙是開曠無際的諸多「符」，諸多互相含義的友誼相關，諸多地籟的演奏，來演出天樂。

四、本　書

本書就是這種的厄言，有描敘，有喚起。本書敘描莊書不是識知式的傳遞資訊，乃是一部厄言集，是暗喻喚起的句法，富有反語、幽默、諷示、故事。

同時本書也喚起讀者，因為莊書的信息是無法逐義傳遞的。莊書的厄言我們由現代的幾個觀點去看，來察悟莊子所察悟的玄意。有時引用我們熟識的哲學家，有時改編莊書話句，有時說出現代的雙關俏皮話，來達成莊子的目的。本書希望是與莊書一樣富有喚起性，又希望不會那麼玄遠。

當然著者對莊書的看法必然會摻進去。這是要繼續莊書開始的清談，招呼讀者來參加，由是掀起讀者本身的自創性。這等於應和莊子的呼召：「吾安得夫忘言之人而與之言哉？」(26/49) 真希望讀者能各自在其生活中應答這呼召。

「與忘言者言」是說出那不可說出的「實在」的一個方法。這不可說出的實在卻使一切話說發生。這是莊子「說非所意」的喚起句法，由而與默默暗喻的大自然相應和。這方法正與那默然陰示無所不在的大自然大相適合。

　　我們將莊書構造講好了，以下看最基要的〈逍遙遊〉及〈齊物論〉兩篇。前者在故事中有理論，後者在理論中有詼諧，而這兩篇都關涉靈活的宇宙及人生。

第六章　逍遙遊——故事

我們首先看最起碼，最舒適，最富有含義的，莊書的開宗明義的第一篇——〈逍遙遊〉。這篇最惹目的特色是它的講故事的體裁，我們先考慮這一點。這篇又最引人悅樂，使人徘徊尋味，我們在第七章想這一點。這兩點對我們現代人生又有何意義？我們在第八章冥想這一點。

我們先講「故事」的內容及必要。〈逍遙遊〉真是逍遙遊一片片小故事疊積而成。我們先看到底「故事」有什麼哲學意義，然後想到這樣的無組織的組織形成何種的意境。

一

「故事」把人生的事物有條有理地連貫起來。這連貫是開展性的，可以加減的，這連貫使人生的事物呈現得有意味。沙特 (Sartre)很會寫小說、隨筆。他說：「你天天活著，一天加上另一天，沒有韻律，沒有原由……你一開始講它，一個故事就有聲有色地開始」形成了，接著事件層層地發展，直到最後團圓終結，每一剎那的情境「被故事的結尾抓進，一直拉著，拖著」，很有意思的。(Jean-Paul Sartre, *Nausea*, NY: New Directions, 1949, pp. 56–59.)

所謂的「科學」也是個故事，它的言語是論理數學的體系，演繹著，歸納著某種事件。神話與故事不比科學，它們比較鬆弛開放，可是它們也是首尾連貫而有次序的。像一支紗線，故事綿綿地用意味的棉絲織編，且一直繼續織下去。其實，概念是由事件的一個個特徵織成的。這點維根斯坦 (Wittgenstein) 也提過了。(Ludwig

Wittgenstein, *Philosophical Investigations*, NY: The Macmillan Co., 1953, pp. 33–34.) 這樣看來，每個概念就等於一個小小的故事了。

　　如果我們想精確地全面地了解事物，我們的了解就不得不有開放性的連貫了。因為我們的說明愈趨精確，我們愈深覺這個說明只是成千成萬的可能的角度中的一個角度去看事物而已。我們想要達到全面的了解，努力將諸多的觀看角度取進於我們視野、眼界。這樣一來，我們的說明體系就愈趨龐統迷濛了，愈鬆弛開放了。這鬆弛的連貫由是可以用做隱喻，引領我們從熟識的意境進到新異的意境。這樣，鬆的連貫的範圍就擴張，每個視角的含義也就愈加繁富了。這境界就是故事的境界。因此，我們要了解世界，了解得又精確又全面，就必定採用故事及神話的方式。

　　我們可以相信這些故事是真的，也可以住在它們裏面，猶如我們住在言語來表達事物的網絡一般。莊子「運用」神話的碎片，傳說及故事的斷片，任意從它們引用，甚至錯引它們，來反映「天網」（《道德經》第七十三章的話），「疏而不漏」。這樣的自由使用神話傳說，一方面當然是要繼承陶冶養育莊子的中華文化傳統，另一方面也表明他頗有創意自由運用傳統，突破傳統而開闢新徑。這些神話、傳說及故事的斷片編成一幅混合畫，來反映人生的連貫性。猶如「名譽」一詞依著各種文化情境，各種人情背景中呈出各色各樣的含意，卻都顯出「名譽」字義一般。

　　這「故事講法」是特異的。故事一講，我們都被迷住了，讀了以後使我們也願意照樣在我們自己生活中試試這種的生活態度、觀世角度。由是我們人生也健美化了，因為故事是個薄暮黎明，把無意識的夜暗與識知的日間弄成一體。我們活在故事裏面，我們全生全身整全化了，我們有意識的理知與無意識的心理作用連貫化，合

而為一了。

　　沙特警告我們，說當我們講故事的時候我們是在說謊話的（在 *Nausea*，前引過）。因為實際事情不像那些英雄詩、敘事詩那麼整潔的。那些史詩有一定的程序——某英雄遇到問題，勇敢地打破幾關困難，以致達成目的。我們日常的生活卻不是那樣的，只是一天過了又一天點點碎碎來了又來。

　　莊子那混合畫般的講故事斷片，說謊話說得最少，因為他的故事像生活一樣不大緊密組織。那些故事不給我們以人生的意義，只給我們這裏一瞥，那裏一瞥，如蜻蜓點水，著而不著。這樣一來，我們被逗惹得難熬了，不得不按著故事的暗示自去探索了解人生的意義。並且莊子的鬆弛的講故事是另有其所以然的。那些故事好像電影的蒙太奇 (montage)，表示思想之流動的幾個畫片急速地連續映出。這種動態的活躍的連貫性正諷示那天網，在宇宙中恢恢地疏而不漏。因為天地的「大道」是「不稱」說它是如此這樣的 (2/59)，它就稱說**不是**如此這樣了。因為「道」出來的「道」不是「常道」，現在它就道得不常，常變了。由是全本的莊書就出生，不相干不對題，變化無常，暗指諷喻。

　　人生的連貫猶如活魚地難以捉摸，因此我們需要講故事的活網。如沙特所說，「人一直是講故事的人……他用故事的眼光去看他親歷的事物，他想要像他所說的故事一樣地活下去」（*Nausea*，前引書）。人活著就得說話，說出話來就有連貫的故事出來。有連貫地生活就是有人性的生活，這種連貫是難捉如活魚的，只有講故事的活網才捉它得來。

　　而且，莊書的美妙在於它的故事網也活得像隻活魚，你要用它來捉魚，連它你也得追尋。莊子之言活得難捉，我們不能只靜坐而

默受其言。一讀它們，我們必然被惹起來自動去冥想其意，其實這就是網魚的方法，自動的、自追的、自領自會的。這樣自己貫通的活法，就是真的人生，在此我們體會人生的意義。

到現在我們已看到了四個比喻，用來描寫神話、故事及傳說：紗線、天網、薄暮之談，及蒙太奇混合畫。它們都指向同一個意思——具體的、開放的連貫性。「紗線」由於文化意象的綿絲編結成為開放的一線連貫，「天網」隱諷蒙太奇性的錯落體系，使事物在其中伸縮自如地有意義地出入。「薄暮之談」指向理性的日間談與心竅裏想像的夜間夢，合成一片。莊書就是這種「故事碎片的宇宙性的蒙太奇之美混美合」，一個健康美的大渾沌。

這種「故事及議論碎片的美混美合」正可稱為「巵言」。巵器滿則傾，空則仰，隨物而變。這種傾仰呈現可領會卻不可言喻的人生之道，萬物之理。這個巵言最明顯的表現在於〈逍遙遊〉第一篇。我們現在可以詳細味讀它了。當然以下所看的是著者察覺出來的一種連貫，諸位讀者必有另外各色各樣的看法。以下的敘述只是要投磚引玉，刺激讀者自己去領會。

二

「北冥有魚，其名為鯤」。全本莊書這樣開始。在古時候人們的心眼裏，全世界的中心有「中國」，周圍環繞著荒漠，直到陰暗的大海，波浪滂湃，黯湛的冥海就等於我們全世界的極限，也就是我們想像的最終極端。

莊書開始於最遠的水平圈的最遠極端，而在北邊開始。「北」是陰境，是蔭處，陰藏處，陷「坎」（也許與「鯤」合韻），水，冬。

天氣是氣候的變化及生物生滅的根元，這股天氣在此地漸漸轉陽。
在這裏萬物的五行潛能開始它們的陰陽循環。（關於南北、陰陽、五
行的互相關聯，請看赤塚忠著，《莊子》，第一卷，東京集英社，
1974，第 26 頁；聞一多著，《神話與詩》，臺中藍燈文化事業公司，
1975，第 140–41 頁；及諸橋轍次著，《大漢和辭典》，東京大眾館，
1960，「南」(2: 562)，「北」(2: 442)。）

　　這個全宇宙最終了的北極充滿著黑暗冥海。「冥」是黑暗，也是
玄秘的冥海，深、遠，隱密著，默默地，混迷地，正如以後出現的
一詞「冥冥」一樣 (11/35; 12/16; 22/30, cf 22/56)。這詞英譯本翻得
最妙，有 「隱秘隱秘」 (mystery, mystery)，「暗暗地罩籠」 (darkly
shrouded)，「最黑暗的黑暗」 (the darkest dark) 等句，都形容萬物的
始源。這也許是一個合混的境界，就是那終結〈內篇〉的渾沌氏；
其實，「北冥」 也許是描寫渾沌氏的奧秘的另一表現。（Norman J.
Girardot 在他的 *Myth and Meaning in Early Taoism*, Berkeley: The
University of California Press, 1983， 說冥 、 渾沌及大瓠三詞是同意
語，可以互換的。）

　　這遙遠的水平圈卻很古怪。雖是不毛之地它並不是 (1/13) 不毛；
莊子說的 「北冥有魚」 寥寥四字，卻含有逆理之言。「有」 是 「持
有」，也是 「自存」。北冥持有那魚，那魚卻悠悠然活著，是個北冥
的魚，卻不關是 「北」 是 「冥」，只是悠閒活下去。總之，這不毛的
地平圈的冥海孕藏著隱晦不可見的自存生命。

　　「魚」 在古代中國算是異常的生物，因為牠活在通常生物無法
活著的地方。牠代表不拘束的自由，再生的力量，堅忍不拔，避害
雄力，諧和，富庶，及文藝卓越。（這些含義在 C. A. S. Williams,
Outlines of Chinese Symbolism and Art Motives, NY: Dover

Publications, 1941, s. v. "fish" 整理得很好。）

　　這魚說是「大」得「不知其幾千里也」。這樣描寫其大，等於「以無知知者」（4/32），「知之所不知」（6/2），「知不知之知」(22/61)，「知之所不能知者」(24/69)，「不知而後知之」(24/109)，「知恃其知之所不知而後知」(25/53)，「知不知」(33/46)──就是「知」與「不知」的合一，這是莊書中的一個大題目。

　　這隻宏巨的大魚的諸種特性，一定是無所不包，優越無比的。可是莊子只說出牠的一個特色，「大」而已，好像以為其他特性都不必提起似的。（莊子的這種清簡筆法正與《列子》、《淮南子》等書相對比。它們常舖陳敷衍詭譎詳情。）反正魚類是最普通的生物，不必贅說。因此這隻魚就代表通常與異常的合一。牠真的「行而無迹，事而無傳」(12/82)──這句話是莊書以後描寫「至德之世」用的，魚就是屬乎這理想鄉的住民吧。

　　然後莊子暗暗提起真正為「大」到底何意，他把那大魚號名為「鯤」，而「鯤」的一個意思是魚卵（《爾雅‧釋魚》）或魚子（「鮞」），也就等於魚中最小的（朱桂曜）。換言之，那隻魚的名字是「最大而最小的」。這句好像在暗地裏告訴我們說，最大的就是最小的，或至少包含最小的。

　　再者，「鯤」字包含「昆」字，有「兄」、「眾」等義。換言之，此魚或許單獨存在，但並不覺孤獨寂苦的。牠本身具有共同社會性。

　　最後一點關於「鯤」義，就是這字使我們想起「混」，混混豐流。這故事或許隱隱地說在我們世界與想像的極端，那遠遠的水平線、北極，有孕生，不可視不可想的生命活在那混沌的原始境界裏。

　　忽然（為什麼？莊子沒說），那隻鯤魚「化而為鳥」，由是故事就開始進展了。在古代中國，魚與鳥是可以互相置換的，因為別的

動物不能活的地方（上空，水裏）牠們都可以棲居。

「化」有什麼意思？莊書本身裏的「化」是萬物的總括特徵（看 4/33; 5/6; 6/23, 27–28, 54; 11/54; 12/6, 73; 13/22; 17/47; 18/13 等）。某一物的變「化」包含生長成己（2/20; 6/55; 13/29; 15/19; 18/43 等），也包含老朽而死亡（6/50–82; 5/6; 13/14; 15/10; 18/22 等），以貢獻物事從某一種類移化到另一種類（1/1; 6/54, 78; 18/43 等）。人類的文化活動，如教化、化治等的目的就是要使我們好好地參與這天地萬化的進展（2/96; 4/17, 24, 33; 7/15; 11/54; 14/80–81; 16/9 等）。死生是萬物互相造化的兩個局面，莊書很多篇以這種宇宙化生來終結（第二、三、六、七、十三、十四、十五、十六、十八，及二十二篇）。我們應該好好地參與這天地物化的過程，忘己而與物俱化（16/55 ff; 18/22 ff; 19/62; 22/77 ff; 25/16 等）。

難怪莊書以重要的兩個動詞開始──「有」與「化」。有了東西，就有其變化；莊書描寫水裏非凡的生物轉化成為空中非凡的生物。可是這個非凡的變化也許就是一隻鳥吃了一隻魚（王夫之說「莽眇之鳥」(7/9) 代表死亡），是個極其通常，天天發生的瑣事，屬乎天地間日常的「逍遙遊」的活動。

那隻獨存的大鳥的名字卻是「鵬」，含有皇大（與「鳳」同音）及群居（「鵬」含有「朋」字）的隱義。

莊書在這裏採用平行敘描──「鯤之大不知其幾千里也」，「鵬之背不知其幾千里也」，也許在暗示魚鳥有親屬關係，甚至可以互相替換。

好，我們現在可以總觀全局了。在遙遠的北極的極端，在那天地宇宙的陰極，活著一隻魚，是陰性精靈。牠的陰氣升騰，造化氣候及生物，由是轉移陽化，具體化成為那隻大鳥而往南。到處汎游

的大魚也許是地神的具體化，怒騰的大鳥或許代表廣闊的天空——
豪勁地魚就化為鳥了（莊子也許想到《詩經》裏的那句話——「鳶
飛戾天，魚躍于淵」《詩經‧大雅‧旱麓篇》）。這個種類的變化是有
勁的，也是自然的，因為鳥或許吃了魚。如果鯤與鵬是多數的魚鳥，
場面就真是宏偉可觀了。這都表明鯤魚再生成為鵬鳥的。因為「化」
有「死」意，也有「生」意 (22/40)。「化」不只是個體的時間上的
變化，也是種類的空間上的移化。從魚化鳥，從無形無容的廣闊的
太陰化為籌畫怒騰的廣闊的太陽，同樣是廣闊，可是你看多麼不一
樣的廣闊形態！寧靜的陰轉化成為衝天的陽，轟轟烈烈要飛往南方
的冥海，渺遠的另一極，那南方的冥暗深淵。這就是那大膽的宇宙
性的想像畫出來的一幅凡世中的非凡之天地圖，很新鮮的、很天真
的，也很可驚奇的。

　　大鵬順性而「怒飛」向「南冥」，又是萬物動態的另一現象。牠
的展開「其翼若垂天之雲」而堂皇的遠旅，其實是自然變化的一部
分。大海風潮的轉運，是順著季節而來的，猶如輪扁手中的輪轉。
那隻大鳥只是應召而已。因此牠的大旅行是天地六氣從秋冬的北陰
變易到春夏的南陽的一個印證。

　　大鵬從陰極的深淵飛徙到陽極的深淵，名叫「天池」。或許我們
看陰是水南，可以認這大旅程做一個從「陰魚在陽水的陰陽之合一」
轉移到另一個「陽鳥與陰水的合一」的大旅行。無論如何，莊子龐
大的想像力活捉了大宇宙的宏偉動態，這動態先在大冥海深處徘徊、
逍遙遊，而後飛騰怒升天空的極高處。這動態真是大得不可言喻，
不克論證，只有神話及故事，那些荒誕的「齊諧」恢奇，才可以暗
示得到。「齊諧」以後有細看的機會，我們的眼睛還瞪在大鳥身上
呢。

　　大魚轉化為鳥，就轉眼向南。南方是明亮的陽極，是萬物共齊指向的方向，是明晰了解的所在。可是莊書說那裏是「南冥」，是冥暗的，是罩著無知的奧秘的深淵。牠的大旅行也是知性的旅行，從無知飛到無知之知。在第二十二篇說：「知北遊於玄水之上」。郭慶藩釋之，說：「司馬崔本上作北。北是幽冥之域，水又幽昧之方」。再，莊書說：「知……反於白水之南」。郭氏又說：「南是顯明之方」。換言之，知先生遊於玄奧黑冥的淵水，又徘徊南往亮白的河水以致得知，可是我們看他從水到水，從奧秘遊到奧秘，這種逍遙遊使「知」成長至無知之知，了悟現實之奧妙。

　　事物從「冥」到「冥」，莊子說。我們可以追尋黑暗嗎？這是不可能的，因為黑暗是個光的缺欠，而沒人可以追尋缺欠。「去到黑暗」（「徙於……冥」）必定不是追尋而得，乃是自然的發生，正好像我們不知不覺從母胎出生一樣。這種天然的發生，我們至多只可整己豫備迎接其來臨。在「無」境中我們可以無阻地成長入世，自由地逍遙遊心。

　　大魚在無知冥暗裏化成大鳥了，就遠望遙冥，瞻視「天池」，那自然的「天府」。在那裏牠可以悠然自在。冥暗畢竟就是包容我們的安身之居，只要我們肯看冥暗作我們的詩境，我們的怡憩，在這裏我們可以在暗中參與宇宙的玄秘。而且冥暗是個人私自親密的境界。日間屬於公共一般，冥暗卻永遠是新鮮的，永遠是我們初次踏進的地方。我們最好培養我們察覺冥暗的感官，這冥昏是我們的安歇，淵水，混沌，不知境。我們出生於此，撫養於此。

　　很可惜的，是我們不認識冥晦，我們不喜歡暗夜。我們輕視它的深奧，它的玄妙 (22/56–57)。我們今天已經不在夜裏暗摸了，我們一直用理知、感官及工具的手電筒去刺探，去奪暗，而譏笑那些

夜裏亂搜的人。我們就是一群小蜩小鳩，失掉了夜星星的觀點。我們不願意讓冥昧的沉默魅滲、繞圍，正如那大魚、大鳥居住冥昧之境一樣地。我們以為黑暗只是「無生」的暗喻，我們忘記了魚活在裏面。我們在光亮的明晰裏，失去我們本己。我們焦心地、小氣地逗笑，批評。我們思想，以為我們知道事情，一直曝露物己於明晰有序的光線而致失去藏身躲息之居。我們不能「得意而忘言」，我們以為我們不必有大魚的詩意，以為暗夜只是個麻煩，一個討厭。

可是我們不能掙扎提倡黑暗的好處，為它戰鬥、廣告。我們只能向小蜩小鳩的譏笑還以微「笑」，我們只可用北冥的曖昧及沉默來微笑，而後我們無言地為那沉默的長途旅行來準備食物，旅行到南冥的明亮的深淵。可是「南冥！深淵！這是多麼無意義的矛盾之詞！」那些明晰的腦子的蜩鳩們必定會說的。我們卻隨著季節風而走，這「風」當然是「無」有的力量，推著我們，支持著我們。這是逍遙遊的故事。

「以上的故事要有典據的」，一般學者會說。為了要應付這個學術上的要求，莊子就從「齊諧」引證。「齊諧」也許是書名、人名，或齊國的書，或「完全的和諧」，或「完全的恢諧」，無稽之談。

這是個反語，一個譏諷。莊子隨順了學者的慣習，而在順隨中他暴露了它的荒謬。因為輪扁已經告訴我們了，實在的事物變化，其數玄妙，無法記載於死板的字面上。學術只是「古人之糟魄」而已。具體的「斲輪」，「有數存焉於其間」，只能「得之於手，而應於心，口不能言，筆不能記」，無法傳受，只能每次再新地領會其轉(13/70–74)。天地的大輪猶如大海的浪波，來了又來，掀起「六月息」的大風。這是季節風，是「大塊」的「噫氣」。我們的了解知性，也應該乘這天風衝上，逍遙地飄入南方冥濛暗淵。

　　莊子用視野的反轉來描繪這大旅行騰上到可驚人的高度，大鳥飛到多高，不是用從我們下面往上看來測量，乃是用從上面鳥眼看下我們如何渺小來表明。「升上」是用「視下」來測量的。大鳥乘天然的氣息（大風）而飛上。一看下來，看陽光幻幻地將樹木景色晃動，塵沙捲捲地掀起，猶如地上小動物的短短喘氣。周圍上下的一切萬物都遍滿著藍色——天空的藍色，地平線的藍色，地面遠景的藍色。

　　當然大鳥需要大環境及宏大的想像，不能用一「杯水」似的小風或小成見所可了解的。我們必須超越日常瑣事才可以聽到大翅膀默默地翻動於風波中，任性怒飛上騰九萬里，遠離地上的「小蟲」，飛徙到遙遠的「南冥」，宇宙的南極，遠遠的地平線。

　　可是請注意，這地平線，這南極，是屬乎這世界的。飛往向前向上，那大鳥從天空看下地面。騰上天空不是要離開這俗世，反而是要以天空的視野接受這俗世。「天空」的視野，是要在高宏在上的天空才可以有的，它是在那大自由遊心的境界的。那裏我們可以悠悠然地重新接受這世界了。現在我們看著大鳥的「天空」，不久我們會聽到八千年從椿樹的觀點看只是一個春季。（不到它的一年！）這大鳥與那大樹描寫空間時間的大框子。在這裏，我們可以新鮮地整理俗世雜務了。因此，與大鳥一起飛逾此世，是要闊廣我們的想像力來以天空的觀點，樹壽的寬容，接受我們每天的世界。

　　在迪理克 (Paul Tillich) 的《存在的勇氣》一書裏 (*The Courage To Be*, New Haven, CT: Yale University Press, 1952.)，「無」是「有」的恐嚇。「無」阻止自我，使自我無法肯定自己。隨從「無」必致死亡，陷入無意義，罪疚。我們必須勇敢地肯定自己來反抗這「無」，進入超越及接受一切的境地。神是超越的，是「神上神」，是接受一

切的力量。我們接受這「接受一切的大能」，由是反抗「無」，由是可以接受一切了。

莊子如果聽到這種見解，必定默默地微笑。從莊子眼光看，「無」就是宏遠的天空，在這裏我們可以從容地，不歪曲地，接受萬物。騰上天空以後，我們又可以從容不迫地微笑著徘徊著，逍遙遊於此世間——用天空的眼光，以「無」的心境。（關於莊子的「無」觀，請看拙著 *Chuang Tzu: World Philosopher at Play*, NY: Crossroad Publishing Co. & Atlanta GA: Scholars Press, 1982, Aria I.）

「笑」最初出現於「蜩與學鳩」之間。這些小動物譏笑大鳥飛上天空，與實在的現世脫節，這個瑣細閒聊的鄙小譏笑一方面呈出牠們的小氣，另一方面卻也給大鳥一個正當的警告。

一方面那叫囂的小動物，譏笑大鳥而暴露牠們之被綁纏於牠們鄰居的小區域。牠們的小氣，正等於襯出大鳥之偉大。另一方面，牠們的笑聲卻指出鵬鳥宏遠的飛程所藏的危險，因為大鳥也許會飛走而離開世界，死於超世的貧乏中。

真正的「超越萬物」等於由天空觀點「接納萬物」。飛翔萬物之上**即是**徘徊於萬物之中。這種辯證論理的關係存在於大鳥與小鳥之間。這個古怪的真理——超越就是等於寬裕的返回——就是本章全章的主題，結束於幾層對話，論及「無用」才是真正的「有用」。以後莊子有個句子「無用之用」(4/90; 22/69; 26/31, 33) 正是描寫這個真理。

三

小蜩及學鳩以牠們的成見、小智，拒絕了狂妄的宏飛，廣大的海洋、天空，大鳥的「毫無常識」。牠們叫咭咭地說：「我們從一個小樹枝跳飛到另一小枝，就已經夠辛苦了。那大鳥到底在搞什麼鬼，說什麼要向南飛往九萬里?!」這也是鄙小的學者們自然的反應。因為「學鳩」的「學」常有「鸒」或「鷽」的意思（郭慶藩）。「鷽」是「知來事鳥」（《說文解字》），「學鳩」有渺小的學者的含義，是可能的。這些學者們說：「我們目前手裏已有夠多的問題了，為什麼那麼無責任地飛往遠地呢？」

莊子的回答，第一就是用時間上的對比。「朝菌」完全無法了解「椿樹」的，因為朝菌晨出暮枯，椿木卻八千年視如一春（不滿半年）。然後他引用賢人棘及湯王的對話來諷刺小鳥們。

這是莊子第二次引用典據。引據典故是學者們確證學說的一般方法。可是大鳥的故事是狂想的，奇特的，而奇特的本意就是突破以往的記錄的，沒有辦法用典故來確證的。典故是社會堆積的成見，狂想奇特卻超越這種成見。

莊子卻偏要引用典故，裝傻訴諸典據來確證狂想宏飛，他這樣一做，讀者的心裏就有深刻的印象了。

這個巧妙的反語法有兩個計策：第一，湯、棘兩個名字另有含義。「湯」的另一義是「浩瀚」，「棘」的另義不是「小（如針）」就是「究極」（這是赤塚忠的看法 (1: 34)）。換言之，湯王之問棘，不是殷代湯王問「究極」先生，就是「浩瀚」先生問「極小」先生，這個會話本身又是已經夠奇特了。

　　第二計策把這反語法顯得更荒謬，就是那回答只重述以前的大魚大鳥的故事，加以小鳥一面枝間蹦跳而飛，一面譏笑大鳥的情境！這樣莊子把大小之辨別的辯論顯明得更加有特色了。

　　差異的辨別不只在尺寸的大小，宋榮子靜靜地微笑而觀看「知效一官，行比一鄉」，甚至「德合一君而徵一國者」，這種微笑已經算是夠「偉大」了。可是連宋榮子還不算真正夠大。從此後，莊子一步步地發展高升「大」的例子，來闡述什麼才可以堪稱為真「大」。要看這漸進發展，我們要再次總觀全部故事的趨向。

　　「北冥有魚……化而為鳥」，這是關於「有」的故事，不是「無」的故事。可是這也是在深暗的冥海境地的「有」的故事，是關於荒誕的、遙遠的、不可知的故事。當然那些屬地的，明亮論理的蜩鶯們會談論譏笑這故事了。牠們「學術性」的日間談，咭咭不止地從一個邏輯小枝自誇地進到另一邏輯小枝，又再回到原來的小枝——有時甚至沒法飛回而墜地！牠們永不會走得太遠，只住在邏輯明顯的日間世界，永不停息地互相批評，從牠們的眼光看，奇異的幻想是太暗昧了，太龐大了，太渺遠了，完全無法了解，所以只能嗤笑。

　　莊書就是幻想匯集錄，描寫了「大」的、「遠」的之後，又描寫「小」的、「近」的。現在莊子要漸漸地從近的小的進展到大的遠的。由是提醒讀者，使我們了悟那些大的遠的如何地對我們的日常生活很有不可或缺的作用，甚至可以說人生的意義就是在這大的遠的。

　　莊子將一個高遠的理想上又加上更高遠的理想，忠誠能幹的政府官全區全國都尊崇。這官員其實是囚入於社會共奉的價值之內，當然超脫世譽的宋榮子就笑他。可是列子還比宋榮子更高一層，列

子與季節風同騰，也許與大鵬共飛，甚至或許他本身就是那大鳥也說不定。而後莊子又指向一位比列子又高一層的至人，他任性乘駕天地的正氣，是全年四季的通人。

這個真人無阻地逍遙宇宙，他是超人，可是他之所以為「超」人，不是因為他高高在上，乃是因為他在我們中間無所不安寓，不被己慮纏思（「無己」），不被己評阻擋（「無功」），不被聞望牽制（「無名」）。他逍遙遊於暗冥、樹枝間、官府草野、風中湖上。他無所不逗留。他一逗留了，那處所就成為不大不小，不遠不近，不暗不亮，不幻不瑣。那處所就是他的家寓。這才是真正的超越，非凡平凡一共都超脫了。

接著，有兩個關於政治的短短的故事。第一個故事是關於平凡，第二個關於非凡。吾國政治上的最高理想是禪讓帝權給聖賢。第一個故事卻批評這理想，比它再進一步。堯王要讓天下給聖人許由。許由拒絕了，說他只是在一小樹枝上造巢的小鷦鷯，這小鳥雖然與蜩鳩同住，卻知道牠自己的渺小。與大鳥一起，卻知道牠環境的何等廣大無邊。聖人也是個偃鼠，飲河不過滿腹，卻與那大魚一起安適自在於大河大海。我們那一個不是像偃鼠鷦鷯的微小，但我們那一個卻能如許由自悟自如？「大」者畢竟不只是尺寸方面的大。「大」是描寫超己的魄力，適己置己於宏大環境的智慧，以及處世自如的行儀。「大」者能超出現有所謂的「大己」，來更換居境（海洋、天空），更改視角（由下、由上），讓「小」者為小（向蜩鳩的喋喋閒談譏笑默默地微笑，如偃鼠由大河只飲一腹，如鷦鷯在森林裏只造巢於一枝）。第一個故事這樣談起平凡的偉大。

第二個故事說「神人」的精「神」「凝」集了，不可分割了，因此不可毀壞，健康如處女。他的康健使圍繞他的一切化為健康，他

自己悠然地居於水中、火中。他住在姑射山猶如天上的銀河。可是
那些帝王近似他的垢糠。他處身於天然的混亂，政治上的騷動之中，
可是「物莫之傷」，因為他超越萬物。他畢竟居住於「無何有之鄉」，
這是有境中的無境。他逍遙徘徊於「廣莫之野」，動而不動，無為恣
寢於無用之樹下，猶如篇始的鯤魚遨遊於冥海之中。

　　這大非凡的聖人超越所謂「有用」的境地。他對生活完全無用，
因此對生命很是有用。這「無用之用」是本篇末了的六個故事所描
述的。

四

　　以討論「用」的意義來結束本篇，表明本篇的詩想完全與虛無
主義或神秘主義大有迥異。這些主義與日常生活毫無相干。莊子卻
不是這樣，莊子的哲學是從天空出來的凡俗處世的啟發。

　　可是這處世智慧的啟發卻出自一個個看似無用的故事。第一個
故事是關於寶貴的禮帽在另一地方（越國）因為習慣（人生觀）不
同（「斷髮文身」），完全沒有用處。這個故事簡要地說在某地某時
代的尊貴的因襲傳統在另一地方另一時代是沒有用的。孔孟學人所
尊崇的聖賢古王只是幾個禮帽而已。怪不得堯帝在遠遠的山上碰到
「四子」（即四個仙人）後就茫然忘失他天下的政事了（第一個故事
在 1/34；第二個故事在 1/35）。

　　可悲的是我們的禮帽尚存於我們的腦子裏。我們像尊崇禮儀似
地推崇（我們以為該是）「有用」的事物，以致忽視了所謂的「無
用」事物中真正的有用。我們的心裏蓬然地充滿了所謂的「有用」
的成見。現代所謂的「工業廢屑」（industrial waste），表明我們不知

如何處理它，可是它裏面很可能藏有很有用的東西。我們稱瓠瓠為太「大」，稱不龜手之膏藥為太「平凡」，所賺「不過數金」，這些東西在我們畫策裏「無所容」。狃於成見，「有用」的概念凍定了，我們就無法變通，來察覺新的用法。凍定要化為變通，不變事物反變我們的用物態度，我們才能靈活地權宜地使用萬物。這是第三 (1/35–37)，第四 (1/37–42) 個故事。

　　惠施本身是個變通的辯士。他來了，判斷莊子的語句與「樗」樹一樣，完全「無用，眾所同去也」(1/43–44)。這是莊子的一個最大的考驗。莊子說惠施富於機智，猶如狸狌，牠們的機智終於使牠們死於其中。「用」不能豫謀，只可自然地發自每個具體的情勢。我們沒有豫定的系統（如「禮帽」）可用，也不可以用自己技巧（如「狸狌」）從事物中強扭出「用處」。這些都是莊書以後所提的「機心」的作風 (12/56)。相反地，我們應要從我們心裏滌清「用」及「技」的想法。這樣，我們可以暢然忘己，怡適地逍遙於世，而可與各樣的情勢自然地變通適應了。莊書以後會說：「忘腰，帶之適也」(19/63)。我們忘己於情勢之「帶」中，這條「帶」子自然會來適合我們的。這就是成為「無用」，是處於「用」之外，而「無所可用，安所困苦哉？」就可以「逍遙乎寢臥」無用的大樹下，「無為其側」了。其實我們並不是完全不做事——我們種了「大而無用」的樹木，不過這是無用的多出一舉，是無用之無為罷了。

　　這樣地，我們從「有用」的無用（如禮帽）徘徊到「無用」之用（如瓠瓠、膏藥），再從「無用」彷徨到「有用」的真正無用（如狸狌），而又回到「無用」之用（如大樹）。這〈逍遙遊〉開始於大魚大鳥，結束於大樹，這篇從無用徘徊到無用，這逍遙使我們高飛塵世之外，以致茫然彷徨其中。〈逍遙遊〉總算遨遊於無用之用中。

「無用之用」這句，對實業性的中國心境及工藝性的西方都有啟發的地方。這句有如下的幾個含義：

（一）「用」是與各個特定的情況的要求及視角有相關關係的，在某個情況裏有用的東西，情況一變，就化為無用了，就被稱為「環境污染」或「工業廢屑」了。

（二）要使某件東西繼續有用，「使用者」本身必須隨著情形的變易而改變他的看法，不能死定於一個觀點。

（三）為要不死結於以往的（傳統的）觀點，使用者必須居住於無情境之情境，「無何有之鄉」，心地猶如一片「廣莫之野」，坦然無所羈絆。由是，他可綽然遠離一般所謂的「有用」來玩味所謂的「無用」的東西（樹、犛牛）。

（四）這樣，一切事物（凡者、非凡者），都可以一視同仁了（如〈齊物論〉所云），我們可以高翔乎塵垢之外，而彷徨乎無事之業，俗世之間，這就是逍遙遊了。

兩個動性有勁的概念結束本篇——「無為」及「無用之用」（「無用之用」雖然是以後才出現的句子 (4/90; 22/69; 26/31, 33)，這句子恰好把捉本篇要旨之一）。像這樣的句子莊書裏多得是，如「大仁不仁」，「不道之道」，「相與於無相與」等 (2/59, 60; 24/66; 6/61)。它們共有的論理構造是「非甲之甲」，好像在告訴我們說：「超越出於一般所謂的甲上（否定普通的甲），我們就可發見真正的甲。高翔逾過甲，我們就可以彷徨於甲中。」反轉我們的觀點，看另一面吧。否定我們所否定的，我們就可以體會雙層否定過的甲，變成柔韌權宜，謹慎靈活，概念的結構本身變得活生生的，翔飛而逍遙。「無為」（為而不為）及「無用」（無用之用）就是這種靈活有力的概念，用以結束本篇。

而且全本莊書也呈現這種動態，從北冥聳飛而出的活動，就是要追尋南冥的天池，這大旅行轉成在無用大樹的樹根彷徨默瞑。全部的〈內篇〉七篇裏的活動總結於宇宙中心的渾沌氏，厚待著北冥之神及南冥之神。第一篇以翔飛奔往一定目標的動物開始，以人的彷徨靜默完結；第二篇以人的靜默參與天地人三籟開始，以很多動物（蛇、蜩、蝴蝶）的很多活動，相待相化以成己，來結束。第三篇將這動靜的合一適用於人生苦難；我們安宅於牛的「解」，腳的「解」，我們生命的「懸解」，以及宇宙性的火的「解」盡，而不知不覺地第三篇總結全〈內篇〉的宗旨。

五

有人在此也許會插嘴說：「可是，我們憑良心說句老實話吧，這些荒謬妄言到底有什麼實款的價值？可否兌換成為實用？」莊子一聽，必會說，「唉，這種想法又來了！」這麼認真地要請「實款」、「實用」，表明這人的思惟只走單線軌道。這只是個隧道想法。一般社會有一套文化上論理上的常規，人人都循這常規慣習而汲汲於業務，神話性的看法卻從這常規偏離，以實用為主的人就以為這神話性的偏離擾亂事物實際的秩序。

這樣，就等於我們沒有從忙碌的業務世界拔足超己，悠然自適。我們無法聽察那不平常的新觀點、新作風，來推進我們生活，至於欣賞那些新作風就更談不到了。我們焦急地嚴肅地辦理業務，無法變通適宜，對事務乏趣、煩悶。我們在日常常軌上一直走一直磨，直到把我們自己都磨滅了，常軌毀損了，我們也毀損了。

實用主義者黏貼在事實上，可是事實上（真正的事實是）我們

本身比事實更大，我們本身比實際上的安排掛慮大得多。「如果我們是隻大魚、大鳥，我們將會作什麼？」這種想像中的飛翔增加我們處理事務的方法及途徑。我們原是從這種「可能性的肥土」，這暗澹的「北冥」出來的。我們必須化身成為大鳥聳飛遠徙南冥，那新鮮想像力的深淵，新的玄秘，我們隨著奧秘的波浪從一大海渡到另一大海。熟識它們不可思議的嶄新奇珍，它們當然無從按照記錄傳統來類別成為各樣的「有用」事物。我們這樣從北方的無覺飛遊到南方的悟解，我們這樣地在神秘的深淵，存在的肥土裏養育了。我們覺悟生命比我們的成就（任何成就！）偉大，比任何事情龐大。我們是事情的創造者，不是它們的服後者。

這種了悟給我們力量一直活下去，使我們在常有可驚的事的人間世裏安居，「逍遙乎寢臥」於「無用」的大樹之下。心神振作清爽，〈逍遙遊〉本身就是鵬鳥的飛翔，是我們的靈魂聳翔從大冥到大淵，那神妙的自然之天池。如果生活的實際瑣事使我們「困苦」，那麼這種超脫俗凡的想像操作會伸長我們的存在，不奴役於現勢，反而一直充實我們自己。這種操作不是搾盡腦袋而得妙計，乃是在人生的風暴中展開想像的翅膀，任意遊戲彷徨。這個宇宙性的嬉戲之大無用，才是對生命最有用處。

這流浪性的逍遙遊也許使我們想到齊克果 (Kierkegaard) 的「反復」，尼采 (Nietzsche) 的「復發」(recurrence)，與佛教及希臘文化的「歷史循環復演」。可是莊子的「遊」與以上的「復」是不同的。「反復」需要再認（記憶）事勢動向。我們認出事件之「復發」，需要記憶以前的事況，比較現況，「然後」斷定這兩個情況（過去與現在）是相同的。由是而後我們才結論，說我們陷囚於夠厭倦的「歷史循環」。因此「反復」是包含著很多先含隱義的概念。可是彷徨快

怡的「逍遙遊」就不同了。因為「遊」不記憶、不比較、不斷言，只是盡性活在「現在」一刻，活得滿溢幾乎漾出般地。在蝴蝶的世界，在魚化為鳥的境地裏沒有「復發」的餘地。

佛教及希臘文化告訴我們「反復」是毫無意義的，可是莊子說「遊」是有意義的，很快樂的，一面享樂現在，另一面冀望將來。同樣的路徑我們可以走出多種不同的人生之道——只要我們以不同的作風及視角去走它，而「以不同的作風及視角來走」無非就是「遊」了。

六

可是苦難怎樣解釋處理呢？除非莊子的堂皇無用的逍遙遊能妥善處理苦難的問題，他所提出的一切天地間的戲耍只是一團無責任的荒謬狂詩。

莊子處理了苦難的問題沒有？我們可以說他處理了，也可以說他沒有處理。一方面，我們可以說莊書每一篇都在討論苦難的問題，這篇〈逍遙遊〉也沒有例外。神人可以「使物不疵癘（即疫病）」(1/30)，使我們「不溺」死於大水，不「旱」死於天災 (1/33)，神人可以醫治我們，因為（如許由說）神人知道他在天地裏的地位。如鷦鷯只占一枝於森林裏，如偃鼠只飲一腹水於大河裏 (1/25)，他適住於自然裏，因此他的身心舒適，不受苦難，他對人群，助而不助（供給不助之助）。他實行其無為之為，成為與俗世無關的大魚、大鳥、大牛、大樹。「其神凝，物莫之傷」，物莫之「困苦」。本篇以「困苦」一詞結束，神人超脫困苦，也可以使我們超脫困苦，莊書誠然討論到苦難的問題。

可是從另一角度看，莊書不將苦難當作人生至要的問題。以上所提的句子要從篇中章句中摘揀出來。這章句的主題不是苦難，乃是淡靜的逍遙遊。佛陀以為苦難是人生的中心問題，耶穌以為患難是個重要的問題。從莊子的眼光看，苦難不是人生的中心問題，也不是重要的問題，只是焦急的問題。佛陀來解決這個人生最大的問題，耶穌來使用苦難，把它作贖罪的工具。依莊子看，苦難來自人生之處理錯誤所致，「苦難的問題」這「問題」性本身是個錯誤。苦難不是要我們來解決的，乃是要讓它自己自然地消解的，猶如白雪消失於春日（即我們妥當的生活）一般。妥當的生活既不是耶穌的贖罪的生活，也不是佛陀醒悟的生活，只是活得適切，活應事物屢變的氣勢，有時衝翔，有時逍遙，這個適切的生活就是莊子的中心課題。很多文明裏的神話都有英雄經歷層層的苦難以解決困苦，以後達成幸福。英雄們在苦鬥中沒有幸福。相反地，莊書裏的神話碎片本身就是反映著患難中的幸福的影片。這幸福是恬適如禽獸花木的。

苦難的本質是暴行。莊書說這暴行包含我們向我們自己自行暴虐，如「仁義」就是我們自施暴行。莊子會說這暴行來自對抗。這對抗包含對抗我們天然的性向，因此我們對抗苦難暴行之道，在於「對抗對抗」，即是停止對抗，行走反暴之路徑。這就是不抵抗主義，甚至連對自我也不抵抗自我。

換言之，暴戾之停止，不在於向暴施暴，乃在於停止對抗，隨順事勢。其實，歸根說來，暴行之「暴」始於我們之對抗事勢。對付暴行我們要隨順它，這「隨順」一舉，給予暴行一個最大的致命打擊。我們中國的太極拳術是致死的武術，也是致健的生術，其因也是在此。莊子的無抵抗主義不像甘地惹起對方的反抗，只是隨順

人間世的季節風而飛翔飄遊。

　　幾乎每個聖賢都說成孩是成聖至道，可是孩子本身完全不管這些話語。孩子們聽到「孩們是完善的」等話，一點都不動心，反而或許覺得有點不耐煩。為什麼？理由很簡單，孩們完全不需要這些話，他們就是孩子，自己活著自己的生活，一點都沒有什麼特別稀奇的地方。魚在水裏不感覺潮濕，全世界的「水的讚詞」一點都不感觸牠們，孩子們絕不以孩性為貴。

　　我們知道了。對這情況的這些話，對一切情況的一切話語，都來自那情況之外的人，也是向境外者說的。「話」對境內者是多餘得不耐煩的贅語，因為描寫某個境地的話，境內者既不感覺也不需要。我們在苦中時不覺那麼苦，我們讓步給不義之行時不覺那麼憤怒。這種讓步當然或許可謂卑劣的屈服，可是「屈服」是外來的評價語，外表的標貼。在不義之治下生活的人間，既沒有不義，也沒有屈服、憤怒、痛苦。或許我們知道這是不義之治，吸收它，使它遲早地自然解消。（關於這種不抵抗的不抵抗主義之有別於甘地式的抵抗性的不抵抗主義 ， 參閱拙著 ， *Chuang Tzu: World Philosopher at Play,* Aria III.）

　　明知不義而承受不義，是聖人的作風。他能明知苦邪而安於其中。莊書說：「事其君者不擇事而安之，忠之盛也……知其不可奈何而安之若命，德之至也……何暇至於悅生而惡死」(4/42– 44)。這樣的說出，只有聖人的慧悟方可作到。這種說法正如「孩心是聖賢的」一樣。這句在聖孩心內，也在聖孩心外。這句在孩心之外，所以能夠審核孩心的價值，使用「聖賢」的標貼；這句在孩心之內，所以能夠察覺孩心的價值，活於其中。知不義而活於其中是聖賢之行，活於孩心而說出孩心之寶貴，是聖賢之言。兩者俱屬聖賢，表明聖

賢（莊書中第三、四、五、六諸篇皆為此類言行）。

　　同樣地，當我們在苦楚中時，我們只接受它，隨之而活。「苦」是外來的標識，安宅苦中，「苦」的標識就從我們意識中消失了。有個男孩生而聾，對他沒有悅耳的音樂，他卻不以為苦。諾蘭君(Christopher Nolan)生而已有很多障礙殘廢，他的心卻開放向外，他安己又超己。當然外人窺視他、憐恤他，他就不耐煩了，他說：

> 我覺狠心似地不愉快，
> 很多人在嘮叨談到我——
> 「他能聽嗎？他能看嗎？」
> 愚人能飛嗎？顯然是不能的！
> (Christopher Nolan, *Dam-Burst of Dreams*, Athens, OH: Ohio University Press, 1981, p. 123.)

　　這些話是從裏面出來的。話語可以居住於情境之中，我們只要讓它發洩出來，它們可反響情況的真情，由是我們可以乘風遊世。

　　乘駕俗世之風，就是等於「知其不可奈何而安之若命」（參看11/13, 50; 14/20），這是外界的「不得已」。隨順自己是自然，天放。這是己內的「不得已」（參看6/15, 18）。這兩個隨順(17/62; 18/39)使我們健康，恬淡地快樂過活(8/31; 2/95; 6/14; 8/32)。這是莊子的解消苦痛之道，這苦痛包括貧困、暴政、介足、致死之病。這就是第三篇〈養生主〉的主題，第三篇將「逍遙遊」的原則應用於實際苦痛的現世。

　　飛翔而逍遙是人生至樂，可是這個樂趣不是暴燥的興奮，乃是每天的常軌，事物的常道。飛翔高空是以天空的看法過活平凡的日

常生活，逍遙遊世是騰起而隨事物飛化。不飛翔不逍遙就是人生的痛苦。逍遙即遊世，猶如偃鼠知道其河及其位置於河中。這位置時常變遷，有時日煦，有時暗險。

像這樣，這些眾多含義互織成為「逍遙遊」，簡練地表明莊子講故事的道術。那些薄暮的寓言，那些神話傳說的碎片混合成畫，反映真正理想的人生。

在此，我們可以看普通怎樣解釋〈逍遙遊〉了。從向秀、郭象、劉義慶、支道林，直到當代的關鋒、牟宗三，都以為本篇談到人性修養進步的階段，從「有待」到「無待」，直到「自得」及「當分」的境界。

依我看，這釋法太離接了，太隔開了。他們太認真了，以致沒看到莊子遊戲的、輕鬆的動力。以下三點批評他們的釋法：

（一）「有待」「無待」之別描寫處理外界，「自得」「當分」之詞描寫內己。這些辭令業已分開外界內己，分得嚴峻。

莊子沒有這樣的分離看法，全〈逍遙遊〉的一大目的反而是要廢除這看法的。小蜩學鳩的閒談正是基於這離接看法的。牠們之鳴不平，即在大鳥太大，其飛程太遠，不合實際等。牠們的卑小正在於牠們區區囚縛於「我們是對」，「牠是不對」的離接思惟。小鳥分別、排除，大鳥卻默靜不理，接納批判。整篇然後就一步步闡述「接納」的主題，甚至接納無用的東西。

（二）我同意牟氏說本篇是說及自我修養，不是涉及限制網中現實（物質）存在，可是牟氏本身也在分別內己及現實物界。由是陷入佛教的唯識論主義，超脫現世。這不是莊子，逍遙遊永是遊於現世的。

（三）這些學者都沒有例外地太嚴肅認真了，他們都丟失了逍

遙遊的宇宙性的戲耍，這個清淨遨遊包含遊於大，也遊於小，遊於賢，也遊於愚，彷徨於有用，又遨遊於無用。這些註解的學者不斷地引證其他學說、格言，以致莊子的特徵都沒有了。猶如莊子只在重複說這些權威已經說過的話，只是莊子說得拙陋罷了。牟氏在這點最不行。他甚至註解別人的註解，而且牟氏本身的註解富於從宋明理學家們引用的話句及佛教的詞語。幸虧我們還沒有引用亞里斯多德、康德，或維根斯坦 (Wittgenstein) 等後代學人的話來解柏拉圖呢。(向秀、郭象、劉義慶、支道林諸氏的見解很方便地整理在郭慶藩著的《莊子集釋》，北京中華書局，1961 年翻印版，1: 1–42。關鋒的見解可視於他的《莊子內篇譯解和批判》，北京中華書局，1961年版，第 11, 79, 84–88 頁。牟宗三的見解呈現於他的《才性與玄理》，臺灣學生書局，1983 年，第 180–205 頁。)

第七章　逍遙遊──徘徊、詠笑

在他的書，《恐懼與戰慄》裏，齊克果從《聖經》裏同一個故事一面讚嘆一面念出四個不同的故事。這是關於「神試探亞柏拉罕，亞氏忍受那試探，且保持他的信心直到意外地得回兒子」。(Søren Kierkegaard, *Fear & Trembling*, Princeton University Press, 1941.)《新約聖經》裏也有四個傳記描寫同一個耶穌基督如何震動我們全身世，對四個門徒有四個不同的震動法。齊氏對這〈創世記〉第二十二章的又可怕又優美的故事也有（至少）四個不同的大感觸，由而記下四個不同的故事。

莊書與亞氏傳說一樣，也需要再三味讀。本書也要三讀〈逍遙遊〉，二讀〈齊物論〉。可是莊書不會使人喪膽恐懼。莊書使人輕怡、深思。在這裏亞氏的恐懼化為深遠的詠笑了。第六章是〈逍篇〉第一讀，第七章是第二讀，第八章是第三讀，有耳可聽者，宜傾心細聽。

一

最先，我們注意全篇篇首的題目。它充滿著活動，卻絕不凶猛暴燥，永是悠悠然地「逍遙遊」。在全莊書裏，也許只有這篇題目具有獨一的明晰的意味，因為「逍」就是「遙」，而「遙」也就等於「遊」。雖然含蓄各有稍異，這三字卻具有同一個中心辭意──遊戲地高聳徘徊。沒有比這些字意更確切的了，可是同時這確切的字義本身就帶有不可預測的不定性，因為聳遊的自由如一陣松風，戲戲要要無法預測。

　　這種確切的不定性，這種自由的徘徊，放在全莊書之首，是最為適切的。這個任性的遨遊是在宇宙的軸心，使宇宙的「三十輻」天輪不斷地迴轉（參看《道德經》第十一章）。莊書開宗明義的「逍遙遊」，是全書的「道樞」，放進全書的「環中」，「以應」天地的「無窮」物化 (2/31)。

　　「逍遙遊」一詞，是三層的動詞，完全無疑地描寫活動。這詞意遙動於大小，遠近之間，凡與非凡之間，有用與無用之間，北冥與南冥之間，換句話說，依王夫之之說，是混沌與離明之間。同時「逍──遙──遊」一念，使我們心安理得，逍逍然遙遙然遊步於俗世間。

　　現在我們來細看這三字吧：

　　「逍」通「消」，消散於水，而「逍」「消」兩個字俱有徘徊的意思。王夫之說（大概一面想著這些層次的含義）「逍」是在時間中徙遠，經歷一件件大小事，每次經一事，每次就把它忘了，猶如鳥之不留停跡。

　　「遙」是「遙遠」，也是「搖動」，是在空間旅行，轉徙於不斷地變化的境地中。這種旅行是暢心而輕易的，猶如老人飯後的散步以助消化（參看諸橋轍次著《大漢和辭典》6: 1184）。

　　「遊」的原意是旗旒在風中飄搖，後轉為魚類在水中嬉遊（《說文解字》7a/20；《廣雅釋詁》3）。這種活動是自為自怡而致自滿的舒適自動（徐復觀，《中國藝術精神》，臺灣學生書局，1966, pp. 60–64），而且這個含義也存於「逍」「遙」兩字之中。這是自己變化的活動，猶如嬉戲，任想像所指而行。想像的本質就在自變，每個變化惹引另一新變，一直變化下去。這個任性的想像可稱為創造性的遊戲，達爾文 (Darwin) 說連我們身體也在依著環境的變化而變

化。而達氏的這說本身就是想像的創作；自創地走（遊）遠（遙）且廣（逍）是人生至樂，是在世中自長的樂趣。

二

　　莊書的開始是宏大、豪勁而詠笑的、自然的、超自然的。比較道家其他著作，這是個很特殊的事。

　　比如《道德經》以很嚴肅的反語開始：「道可道非常道」，是個清簡的形而上學的冥想。《列子》的開始，是個普通的師父要出發旅行，離開本國的政治紊亂。《淮南子》則始於哲理性的詩文，富有韻律的爛調。念《淮南子》好像吃過熟的水果，那果實的特殊薰味衝鼻。這三書沒有一書如莊書的生動、天放、悅樂。

　　這三書的開始已經顯示它們嗣後展開的內容。《道德經》遍滿著神秘的氣氛，形而上學的冥想，一直追尋玄奧的大宇宙的妙道，而一切的政治處世之道要依照這天地玄妙的大道而行。《列子》所關切的是人，甚至涉到人的虛妄飄蕩於不可知的自然裏。《淮南子》近乎鍊金玄術，想要包羅當世的學術編成一大部百科全書，而且教導我們如何在亂世中存活。莊書卻一直遊心於變幻不定的現世裏，徘徊於超己的天放境地中。

　　當然這並不是說以上各書所涉及的只限於這些題目，乃是說它們談及很多題目，都是從上述的各各特殊的角度而闡明。它們各有其特殊的根本陰喻，依這陰喻，寓於這陰喻，每書處理各種的問題及題目。

三

　　莊書起頭的七篇，通稱〈內篇〉，一般都認為是莊子本身寫的。這七篇比其他諸篇更為曖昧、深刻、生動。共觀並視這〈內篇〉開端的南北冥及〈內篇〉終了的混沌，也是極有意義的事。

　　北冥是原始的深淵、混沌、未分。南冥是離明的奧妙。兩者呈現於「儵」（即「有形」或「急速」），及「忽」（即「無形」或「知識」）。這兩者後來弄死了渾沌氏。這種變化在天地間是時常有的。這樣看來，莊書開端的那偉大的魚鳥故事必定是模仿當時通行的宇宙形成論的打油詩文。我們現在來看魚鳥與天地形成的關係。

　　在太初，宇宙沒有形成以前，有個「未分」。在這原始境地存有玄妙的魚勢，生氣沛然。這魚氣化而為大鵬，大鳳氣勢，是奧妙的生生不息的自然力。這隻「魚化之鳥」從未分的冥境怒聳升上，飛徙幾千萬里而達離明豐庶之南冥。這大概就是我們的世界。

　　這是宇宙形成的大旅行，又超越時間又在時間之內。我們一看事物，就感覺這大旅行的氣勢。我們看到嬰孩來臨這世界，或草葉萌芽遍地，我們就看到這隻「魚化為鳥」，它或即等於「澤雉，十步一啄，百步一飲」(3/14) 於南冥的天地之郊區。

　　比較《聖經》那莊肅的天地形成論，莊書這樣的天地形成真是太平淡太俗氣了。在《聖經》裏全能上帝的聖氣（聖靈）飄浮於水面上。全地空洞無形，淵面冥暗。忽然上帝懍然發出嚴命，泛響深淵的澹默──「有光！」，光就出現了。

　　可是在莊書裏，卻只有普通的景色，如魚、鳥、升潮、颶風，它們就已經夠有力震掀我們的想像力，使我們飛回到事物的開始，

而且事物每天的開始。這些自然又是超自然的事物完全不是那《聖經》的超脫肅斷的創世。當然莊書自然的天真也並不是希臘或巴比倫的血腥腥的宇宙形成說。

四

莊書不但是天放自然，更有戲謔笑味，而且在天真滑稽的氣氛裏使我們深思。現舉兩個例子，第一，它引用「典據」來證實所講的故事的來源，無奈所謂的「典故」完全不是典故。第二，天真直率的「笑」，其實並不那麼直率，卻含有幾層隱意。

引用聞名的「重言」來證實言說，是學者們一般的慣習。莊子也遵從這慣習引用了典據。可是他的「典據」是「齊諧」，有反語諷刺的意味。「齊」有兩個字義──「（沒有例外的）全部」，或「齊國」。「諧」也有兩個字義──「和諧」或「詼諧」。「齊諧」也可能是人名，或書名，如「齊國傳說集」之類。

總觀之，「齊諧」一詞可有三層的意味，在認真層次上我們可說「齊諧」是「普世和諧書」，或「齊國，或齊朝，或齊人的傳說集」。在半認真半戲笑的層次上「齊諧」可謂「齊國笑話集」，或「齊氏笑話集」。在開玩笑的層次上「齊諧」就是「笑話總匯」了。

無論採取以上的那一個意思，我們不得不聯想到其他的含意，以致我們自然微笑起來。一碰「齊諧」這詞，我們就被逗笑；一切的和諧都是諧謔，普世和諧的齊全就是很多笑話的齊全。引用權威典據，等於引用「無所顧慮」的笑話。

莊子第二個戲耍的扭歪顯明於小動物的「笑」。蜩鶯們聽到非凡大鳥要開程非凡的大旅行，牠們就開始笑起來了。從小鳥們看，等

著六月的旋風，準備著數個月分量的食糧，要出發去不確定的地方，是個很大的時間及精力的浪費。

在這裏我們看到第一個反語諷刺——大的被小的譏笑，荒謬的被庸常的愚弄，深遠的被俗氣的嘲譏，詩性的被實際的譏刺。

大鵬的第一反應就是向小氣的小鳩們返笑。日常的瑣事無法容納原始的形成宇宙，小知小年不及大知大年。偉大的列子乘風飛翔，是小忠小誠的驕傲小官員們連想像也想像不到的。當然「小民聞道而大笑，不笑非道」(《道德經》第四十一章)，德文多也說：「齊克果 (Kierkegaard) 倫理的階段是慣習的階段……小德的階段……禮，名，體面，市民義務急速履行的階段……我們要離開這些才可達絕對的、獨特的、超理悖理的經驗。徹底的經驗，存在自己本身」。(Xavier Rubert de Vento's *Self-Defeated Man*, NY: Harper Colophon Books, 1971, p. 61.)

可是，反過來想，小者之笑並不是沒有理由的。「你那麼大，有什麼了不起？」一小孩向欺凌弱小的大孩這麼嚷。黑格爾 (Hegel) 也許沒有注意到他的「主依僕」說本身的反語諷刺性，因為雖然奴僕也依靠主人，主之依僕實在大於僕之依主。某物愈大，其依賴他者的程度也愈大，這是莊子兩次提醒我們的——「而後乃今培風……而後乃今將圖南」(1/7, 8)。那大鵬要等待風、潮，及天氣適佳，而要準備六月份的食糧。小鳥則完全不必這麼麻煩。

因此大鵬不是真正的「大」，真正的「大」者要包括大者與小者。真大者不但能從大鯤化為大鵬，又要能從大變小，又返回大。許由是聖大者，因為他知道他自己的地位是在小鷦鷯小偃鼠之中。大小之差別猶然存在，可是這差別是要往返旅行其間的地圖，不是為要互相排斥嗤笑。

五

　　從原始的大魚大鳥我們來到小動物的世界，又渡過小官員而致聖人。現在我們要有這些故事的評判省察。

　　這些故事帶我們從大的來到小的，從樹枝到世極，從短暫的到長壽的，從嚴肅的到可笑的，從依風的列子到乘氣的至人，從政治到聖人。這些路徑我們都走過了。現在我們要反過來通觀這些，省察到底這些有什麼用處，到底「用」是有什麼意義。莊重的禮帽對粗野的短髮的越民（所謂的「愚民」）是沒有用的——所謂的「有用」的東西有時會變成沒用。反之笨大的葫蘆可當大樽浮游江湖，庸俗的膏藥可助大打勝役——所謂的「無用」之物也可變通成為有用。如有完全沒有用的大樹，我們可以想到那些「有用」的性能——如狸狌伏跳。牠們因其能力而陷落「死於罔罟」。完全無用，才能有用於生存。這樣，雖然看似不首尾一致，本篇卻自歸一致地以無用之用結束。這樣，本篇隨便拋出新的片思來建造新生活——無用之用，無為，無有。全莊書一面遨遊一面闡明這些迷人的迷思。

　　為什麼莊書需要遨遊的氣氛呢？因為幻想怡遊是創造的力量。戲躍的遨遊本身就是個創造，一直戲躍經過很多境地，把它們總匯於怡樂之中。莊子不知不覺地從大魚諧語以創宇宙談到爽神的大鳥的獨自創意，致被小鳥們譏笑。無論如何，從此以後怡神的創造到處出現於「無用」的活動中。在這裏，戲謔的筆調是很適切的，我們該悟會這莊書而微笑。輕浮戲笑是渺茫人生對付問題窄窄的最大武器。想要看創造力是如何造成的，一定要看輕笑如何神秘地活動，而且隨從莊子也就是隨從各人自創之路。

第八章　逍遙遊——仔細看

這第一篇總結莊書全書的要旨。本篇是關於「自由的宇宙論」。（這是 Robert Neville 的美詞——"Comology of Freedom"。他的書有一冊是這樣書題，Yale University Press 出版。）全宇宙以自由脈動，我們可在這生動不息的宇宙裏休息，安居於行動中。我們在天地中一直是自由的，逍遙著，翔遊著，但我們卻不能妄自與自然乖離，或背叛天地斷自獨立，以為天地自然無意義。

莊子有的是自由的宇宙，我們可以乘物而遊心於其中。否則我們會淪滅於自私、虛無主義、及道德主義中。這自由的宇宙是「安居」「飛翔」兩者共有的創造世界——正如大魚及大鳥所隱喻的。大魚大鳥的關係如下：

（一）只有飛鳥能由天看下，俯瞰萬物，而且這種飛騰的鳥才可被描。難怪魚的描寫只一二句就完了。魚滯留遨遊於水中，靜穩地活著自己的生活，不關涉別人他事，沒有飛翔，沒有俯瞰，沒有描寫的必要。

可是飛鳥並不是沒有牠的危險——牠會飛離此世，消入於抽象之境。蘇格拉底用禽舍的比喻討論認識論上的問題（在其 *Theaetetus* 對話篇裏）並不是偶然的事。再者，實存主義及現象學的叛逆，只在鳥的世界才是可能。鳥的飛翔或許需要魚的滯留及遨遊，悠然自在。

（二）鳥永遠是掙扎著的，只有魚能「相忘於江湖」，「出遊從容」，自享其樂。可是為要使其魚樂不墮為盲目幻樂，魚樂之出現需要鳥的瞰視。本篇先有魚的故事，然後才有鳥的故事。在第十七篇（〈秋水篇〉）卻先有鳥的故事，然後有魚的故事。在無限的天地裏

自創自由，必需有飛騰的鵬結合遨遊的鯤，才可達成。

（三）　魚與鳥的關係好像是夢與醒的關係一般。總結第二篇（〈齊物論〉篇）的蝴蝶夢的故事告訴我們，我們永遠無法知道我們正在夢裏或清醒著，而知道這個真理等於住在夢醒兩境之內，也等於在此兩境之外。莊子的話，「予謂汝夢，亦夢也」(2/83)，簡勁地表達這兩境的互纏關聯。

（四）了悟這種人生意味隱隱的互纏，就是幸福。這了悟，是屬乎鳥的，要讓這了悟遨遊江湖，是屬乎魚的。這不是柏拉圖式的凝視永恆形相，乖離現世。這是快樂的逍遙遊，與萬物共變，在萬物中自化，「吾與子觀化而化及我」(18/22)。「化」連結魚與鳥，暗地裏交織莊書成為自由的宇宙論。它所說的要旨是：我們一讓怡樂、自由及自創互相結合，自我及天地就互合共行了。這要旨在以下發展成三大點：A. 環形構造，B. 不是創造的創造，C. 自省自察。

A. 環形構造

1.1 這篇〈逍遙遊〉可分成三部分：在《莊子引得》裏，首尾兩部分各有十三行，中間部有二十一行。

首先，我們來看首尾兩部分。它們相反平行：

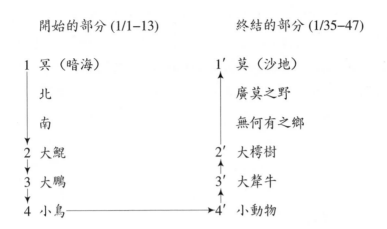

開始的部分 (1/1–13)	終結的部分 (1/35–47)
1 冥（暗海）	1′ 莫（沙地）
北	廣莫之野
南	無何有之鄉
2 大鯤	2′ 大樗樹
3 大鵬	3′ 大犛牛
4 小鳥	4′ 小動物

開始的部分從 1 經過 2，3 直到 4；終結的部分從 4′ 經過 3′，2′ 而到 1′。由是首尾兩部分形成環形。開始的部分描寫實在的情形——戲謔的天然，終結的那段描寫理想的境界——也是戲謔的天然。中間的一段闡明實有理想的境界——首段準備它，終段驗察它，深化它。

首段描寫造化，大物憐笑小物，小物譏笑大物。互笑之間顯明了小物之小，大物之大，這種顯明就等於造化了。

中段是首段的相反。大魚大鳥的故事被重述了一遍。只是這一次只強調牠們的「大」，沒有說到牠們的變化。然後意義的反轉就來了——成長變「大」就是日損直到連自己也損失消無了（「無己」），當然功勞（「無功」）及名望（「無名」）更算不得。成長就是等於在「無己」中無為（「無功」）及無相為（「無名」）。

可笑的反諷助長成人，在此有兩個故事使我們反思。第一個故事說許由拒絕堯帝的禪位，在這裏有兩個反語性的諷刺。第一、不需辭位的好帝王才有資格真正地禪讓。這正像宗教方面的悖理的反

論，說只有不需悔改的善人才深深了解跪在無限的聖潔面前悔過，因為只有善人才能認出聖潔。同樣地，好皇帝才能看到太陽般的聖賢，而反看他的「善」猶如燭火的渺小，才能看到時雨的滋潤中他的政治猶如澆田，完全是徒勞。這是第一個反語性的諷刺。從另一方面看，好的皇帝不必辭位，天下治理得已經這麼太平了，為什麼要這麼多出一舉？如是，這好皇帝因為他的「好」黏住在王位了，有好政治之「實」了，卻偏要換皇帝，就是等於以「名」掩飾「實」而已。許由說他不是王位的裝飾品，他已超越了政治境地。這是第二個反語性的諷刺。

第二個故事描寫神人。他太玄妙了，以致凡事中齷齪的凡人看他很拙笨。肩吾（自我？墟神？（看赤塚忠））是個凡人，他也以為這神人有點糊塗，這是第一個可笑的地方。連叔（是否肩吾與接輿的接連？陸神？（赤塚忠））暗地輕笑這想法，繼續描寫神人。盲聾不只限於肉體，精神上的盲聾也有的，而以後者的殘廢就無法覺悟神人了。從這神人的塵垢秕糠就已可陶造堯舜聖王呢，又一笑。

存在的最高層次就是等於損其存在，一直日損直到冥暗大海，在那裏有大物呢。只有「笑」暗示這玄妙境地。這是大物的「笑」，也是小物的「笑」。「損」與「笑」是在高層境界的兩個要素，在那裏居住無己的至人、神人。

關於這神聖的至人有三個故事。第一個故事是關於許由。要進入這些故事前，我們要考慮這些名字的解釋，及其選擇方法論。郭慶藩、司馬彪、王夫之、及簡文帝都以為許由是歷史上的人名。楊寬及赤塚忠富有想像，在許由名裏看山神，與日神有關。我選擇「允許」一義，因為它較適合這裏上下文的脈絡。我們當然可以接受這三個解釋，不必取捨其間。其他名字（肩吾、連叔、接輿）也是一

樣。也許莊子使用這些名字的字義來暗指他的本意，他當然明知這些名字另有歷史上神話上的意義的。

有些釋義家不願說出他們所不「明知」的，因此只引據歷史上訓詁上所確知的。另有一群註釋家卻冒險地說出合乎文脈的臆說，同時明認他們只是提供臆說。

我佩服前者的歷史性的忠直，也佩服後者的文學性的純厚。兩者俱有誠實，而誠實謹慎是念莊書所需要的條件。因為了解莊書需要「絕對正確性」以外的東西，在這種古代的想像性的文學裏，絕對的正確性不但是不可能並且也是不適切的要求。所需要的不是正確的解釋，乃是逼真而引人入勝的解釋。我的辦法是「運用」歷史上訓詁上的解釋，用來助長文脈上的解釋，因為想像性的文學要以想像了解，在這情形下內面文脈比外面史話更為重要。簡言之，解莊是冒險之舉，我們要承認危險重重，大膽想像，小心求證。

好，現在我們可以回來莊書關於神人的三個故事了。第一個故事描寫許由，其意也許是「允許」。雖然他在一群師傅中是個最低小的，他卻最富有察覺的，甚至敢於批判其師傅 (12/20–26)。

這故事描寫真人的性格，絕不插手管閒事，只讓各人自由任性活下去。他拒絕堯王的禪讓之招，說各各動物（他自己在內）認分守己位，聖人無名（不聞名於世），只是自己，猶如魚、鳥、鷦鷯、偃鼠等自然的禽獸。

第二個故事講到神人泛遊於山霧中，集露如集己，騎乘宇宙的六氣。他凝氣而純化了，五穀就自然成長了。他是無功的神人。

第三個故事談到堯帝登峰而見四子。堯帝受了極大的感動，茫然遺忘他的王國，他與他們一起成為無己了。

可是以上這些故事看似無用的閒談。莊子同意這些故事是「無

用」的，可是它們卻不是「閒談」。這些故事像是棵無用的大樹，種在曠漠的無何有鄉，在那裏連堯帝也茫然自失，連那偉大的宋榮子也無法樹立定居。

「無」在西方是人類仇敵，如何克服它是虛無主義者的課題。可是我們只能克服存有的事物，「無」是無法克服的。虛無主義本身就成個問題了。可是「無」並不是不影響我們，它不知不覺地浸入我們裏面來腐化我們，猶如在沒有引力的太空裏，我們的皮膚腐化一般。「無」畢竟是個問題。這是西方對「無」的看法。

莊子卻要我們成為虛無，成為無名、無功、無己。我們怎樣做呢？因為我們本身不是無有，我們只能成為「無」的伴侶，正如音樂浸入於沉默之中一般。在美紐音 (Yehudi Menuhin) 氏小提琴演奏中，「音」在「默」裏顯明，「默」在「樂」裏襯出。或者，更確切地，我們可以說「音」擁抱「默」，與「默」成為一體，呈現「默」。而「音」與「默」互為對方的背景，呈現對方。因為音樂愈宏亮，沉默愈深刻，樂與默互滲互呈。

我們只能成為音，不能成為默。音之參與默，只能成為默之反響，影子畫，由是而把默襯托出來。影子使物件有深度，反響給沉默呈現，這也許是布伯 (Martin Buber) 所瞥見的「你─我」境地 (I-Thou) 的沉默 。（Martin Buber (tr. Ronald Gregor Smith), *I and Thou*, Edinburgh: T. and T. Clark, 1937, pp. 18–20. 又看 Max Picard, *The World of Silence*, South Bend, IN: Regnery/Gateway, Inc., 1952，以及拙著 *Chuang Tzu: World Philosopher at Play*, Aria I.）

1.2 也許有人會抗議，說「這些話荒謬極了，真不可置信」。我們可借用莊子沒有用過的兩個概念來闡明莊子的意思。第一是「原子」（魯克雷雕斯 Lucretius 用的），第二是「母胎」（《聖經》用的）。

1.2.a 在雷基博 (Leucippus)，德謨頡利圖 (Democritus)，及伊壁鳩魯 (Epicurus) 的傳統裏，魯克雷雕斯 (Lucretius) 說原子是不可毀壞的，因為阿屯 (atomos) 依其字義本來就是不可分割，由是空虛無法滲入其中。裏面沒有空虛，當然就不可毀壞了。（看 Lucretius, *On Nature*, I: 215–614, 483–584.）

伯比 (Henry Bugbee) 在他冥想裏將生活的「純潔」與思考的行為的 「真實」 聯結了。(Henry G. Bugbee, Jr, *The Inward Morning*, NY: Collier Books, 1961, pp. 125–26.) 相似地，我們可說莊子把伯比的自我的純潔結合魯克雷雕斯的原子的虛無之虛無化，結果產生至神的聖人。他不被人生災害害己，因為他的「神凝」(1/29–30)。

我們若說在天地間有破壞的力量，也有悅樂純化的力量，這樣說只是片面的真理而已。我們可以留心篤志以生，成為「純潔」。天地的六氣就吹進我們，留在我們身上，我們就悅樂而純化。我們卻也可以對抗它，屈服它，操作它，我們由是把這天地六氣分為兩種的力量：利人的力量及害人的力量。這樣一來，我們生活就糟了。我們現在曉得莊子為什麼非難「機心」卻讚揚「機」。「機」是那神秘的萌芽生機。「機心」卻是從這生機離開，圖謀利用這生機去行事的心情（看 7/21, 23–26; 12/56; 18/45–46）。

1.2.b 莊子的至神的聖人是「純」的。不是為了他將他裏面的空虛空化，乃是因為他本身已經就是空虛，也不是他成就什麼，修養成聖，乃是他本來已是無名、無功、無己。這空虛的聖人如何使我們強壯健康呢？也許這聖虛將我們胎生成為聖虛。

圖利不 (Philis Trible) 描寫所羅門王審判兩個婦女搶著一個嬰孩時，提醒我們一件事：在希伯來語言中，「慈悲」(rahamim) 是與「胎」(rahem) 有密切的關係的。前者是複數，後者是單數，兩者是

同一字源。換句話說，慈憐如胎力，可產生新生命的。可是圖氏注意到這胎力的憐恤在男人中也有，圖氏就無法說明了。(Philis Tribe, *God and the Rhetoric of Sexuality*, Philadelphia: Fortress Press, 1978, pp. 32–56.)

所羅門、何西亞、耶穌等人都是男人，而他們都有這種胎力。當然男人使女胎受孕，男人給與女胎以產力，而神在這一切的後面，開閉子宮。神就是一切子宮的子宮。

所以「慈憐」（多數的子宮）就是神的比喻。圖氏不知如何解釋《聖經》以男性的詞句描喻神，我們卻可解釋了。因為男性是一種開胎的胎力。我們看女，男及神共聚於胎性。男是開胎的胎力，神是開一切胎性的原胎，是「元牝」（《道德經》第六章）。

圖氏說「胎」喻描一切形成存在的力量，這是對的。女性我們應該讚揚，因女性是這形成力的具體的表現。可是女性並不是沒有其本身特色的矛盾與曲折，女性是男性的模範（創造生命）。同時她也需倚靠男性方可發揮其本質。女性是男性的典型模範，因為人性的本質在於胎性、創生、生產，如〈創世記〉1: 28 宣言。同時女性要倚靠男性方可發揮其本性本質，因為女性有時會離開她的胎性，所羅門王當時（在〈列王記上〉3: 25）要胎生女人的胎性。經所羅門王的引導後，在 3: 26，《聖經》才描寫其中的一個女人為「母親」。她們爭取一個嬰孩，以致漂泊流浪而迷出於她們真正的母性之外。她們因很渴愛要哺乳嬰，以致歪扭了她們的胎性。她們當時需要男的所羅門王的胎智，引導她們回到她們本性。所羅門王引起她們自悟，讓她們自己解消她們的糾紛。這點（不是所羅門，乃是她們自解）也是圖利不氏所注意到的事實（看 p. 32）。男的所羅門胎生了她們的胎性，而神在後胎生所羅門的胎力。

我們要記得，胎是個空房，因為它是空空的，它才能使生命產生於中。「空」本身要取消，也要同時保持。「空」要取消，撤去，因為「空」分離，破壞；這是魯克雷雕斯 (Lucretius) 注意到的。可是「分離」是事物成為個別的個體的路徑；這是赫希洼德 (Hesiod)、亞諾芝曼德 (Anaximander)、赫拉頡利圖 (Herakleitus)，及其他蘇格拉底前的諸哲所注意到的 。（這些諸哲方便地整理於 John Mansley Robinson, *An Introduction to Early Greek Philosophy*, Boston: Houghton Mifflin Company, 1968, pp. 5–6, 25–27, 93 等。）「空」是創造發生的場所， 媒介及動力 。 它如柏拉圖的巧匠 (Demiurge) 創造、造化，可是它用的是「分別」的方法。

或許莊子的無己的聖人相似地也在使個體的全一創出。他的聖潔有兩個成分：母胎的空虛，原子的純一。空虛令人活，純一建立自己。這兩者合併，形成聖人的創造性。蘇格拉底的一無所有，使他成為理性的助產師。同樣地，莊子的聖人「無功」地激出，抽出別人。或許純一可說就是母胎，或許「笑」中日損可達創性的純潔。「笑」是好像胎性似的活動，因為笑常是惹起而生，是主動性的受動。聖人被笑了（「他怎麼這麼無用！」），就在笑中脫胎出其笑的卑小，正如所羅門王的男性使婦女們顯出她們的女性。

這種沒有創造活動的創造（造化）就是莊子的所謂鏡鑑及音響。這如原子的純一，使事物撞成事物，也好像空室，胎生事物，使它們成為自己。不可毀滅的原子純一成為母胎似的創造能力，在這境地裏事物自創事物了。

B. 不是創造的創造

莊子的聖人是純一如原子，空空如母胎，在這境地裏他不創造

地創造。他怎麼創造的？要回答，我們要離開〈逍遙遊〉的中段（我們滯留了夠久了），去思考首尾兩段。我們一看這兩段，就覺其語意漸強達於極度，即等於文意逐層退降至弱。聖人是完全虛空的空室，我們愈看他，愈覺沒什麼可看。他的至聖正顯明於他無名、無功、無己的生活中。這種顯明不出現於我們觀察之中，乃呈現於我們譏笑之中。

我們要看本篇的中段活躍於首尾兩段，又要看首尾兩段於中段的觀點中。我們記得柏拉圖的至善的太陽，它本身太光亮了，無法直視，亮得反而看不到。莊子的冥境也是看不到，因為它太玄遠太幽闇了。不過柏氏的太陽及莊子的冥暗我們可感到其影響。本篇的首尾兩段是其中段的軌道及顯示。

我們翔飛，從遙遠自在的冥境飛到另一個遙遠明晰的冥境。因為整個路徑都是黑暗的，我們覺得從無處飛徙到無處。我們只不斷移徙，不斷變遷化己。

「冥」是深而遠，是原始的沒有組織的情況。在這種冥海中「有」（只是「有」，沒有時間性的「有」）魚，其名謂「鯤」。我們記得「鯤」有三個含義：魚子，即很小的「未始有」；龐大的大鯨，即周偏大物；及（或許）「混」，無極 (apeiron)，混合，在濛昧裏逍遙遊，將要產出存在。這逍遙徘徊有三期：化，飛，及笑。最初那濛濛不清的海裏大鯤化為清晰明顯的空中大鵬，一直推一直飛，要到地極的天池。這種變化（造化？生化？）是脫化，化身，通過像蘇格拉底的心醉 (Socratic mania) 而成。

鯤魚不可描寫，隱於北冥暗波中神秘地游泳。這隱藏狀態被大鵬鳥破壞，騰飛乘旋風直奔南冥。這是由隱轉顯，是比較平滑無阻的變化，是第一個「化」的對照。這「化」忽然碰到小鳥們吵鬧的

笑聲，與小官員們的卑小忠誠。宋榮子就以靜俏的微笑回答牠（他）們。這是第二個「化」的對照──顯笑與隱笑。

　　這第二次的顯隱對照又重演幾次──堯帝雖有仁政，尚欲禪讓許由（第一驚異），許由卻辭退他（第二驚異），以及神人居山霧中（第三驚異）。之後本篇以三個故事提出三個關於「用」的討論，繼以靜靜的「無用」完結本篇。

　　小鳥之譏笑大鳥，遙遙與許由拒絕大堯之禪位相對。小鳥笑中所說的話，「我決起而飛搶榆枋，……此亦飛之至也，而彼且奚適也」(1/8, 16)，正反映許由不耐煩的話，「鷦鷯巢於深林，不過一枝，偃鼠飲河，不過滿腹……予無所用天下為」(1/25–26)。小鳩好像是許由及其鷦鷯，大自然接納他（牠）們，猶如莊子接納惠子之評，說莊子的話「無用」。那宏偉的勤勤營生（如知效一官），那大旅行，大治天下，有用的禮帽，都要取消，「小」才是好。

　　無用，就使我們不必時刻憂慮如何成為有用。無用，我們就釋放進入悠然憩息的曠野。這曠野只是空漠無所用，我們可逍遙寢臥其中。我們只像魚，像犛牛，像樹，一直活下去。在這無何有之鄉，我們可自適自如，「大如垂天之雲」(1/45)，這種無用真是對人生大有其用。

　　這都是讓一切自生自長。這就是神人的為人──與山合一，與天地六氣同流，萬物就油然自生。因此，如要成為有用，我們要成為無用，要遊戲。自由即是成就，笑就是自如。

　　這是逍遙遊的自由，周遊於大小，靜動，天人，無用及有用之中。「逍遙遊」也可作「消搖」。王督夜云：「消搖者，調暢逸豫……至理內足，無時不適，止懷應物，何往不通，以斯而遊天下，故曰消搖」（看郭慶藩《莊子集釋》）。可是絕大多數的版本都作「逍遙

遊」。三字皆有「辶」，這是「止」與「彳」（即開始再行）的合併，表明這是行動及靜寂的合一，行而不行，止而不止，永息於不息天地之中。

這徘徊、逍遙、周遊三個境地，每一境呼應另一境。第一境界是大而玄奧的地方，在本篇首尾描敍。本篇開始就有大而無用的一句，「南冥有魚，其名為鯤」。篇始每詞反映篇尾各詞。「南冥」對「無何有之鄉」，「廣莫之野」。「有」對應「彷徨乎無為其側」，「逍遙乎寢臥其下」。「魚」對應「犛牛，其大如垂天之雲」及大而無用的樗樹。「鯤」名對應「樗」名，兩者皆無用，不可描敍。

在這首尾兩段之間，存有被牠們激惹的各色各樣的小物，如小鳥、小官，這是第二個境界。

最後有一境界存在第二境中，是偉大的獨特人物之境，真己之境。純簡的鯤之存在（「有」）「化」為無己、無功、無名而無用的無為，它只是怡適自如。這真「己」遊於塵埃之外，彷徨於無為之中，而使物自立，正如〈齊物論〉所說，「道行之而成，物謂之而然，惡乎然，然於『然』。惡乎不然，不然於『不然』。物固有所然，物固有所可，無物不然，無物不可」(2/33–34)。

這就是莊子的造化創世論了。但這麼一說，說〈逍遙遊〉有造化論，定被莊學家們罵。在本篇沒有明確的造化論的詞句，怎麼這樣無責任地將私人的幻想讀進本篇呢？

逐句逐義的解釋時或乏味地錯過文章的真旨。相反地，文中或文脈上的暗示有時激起創作性的新鮮的解釋，以致那文章活現於讀者心中，使含義篇圍擴大。特別在像莊書這種富於想像寓意的文章，我們要大膽向想像方面發揮，冒向原文「犯罪」的險，也要謹防因盲從字面意義而錯失原意。

「造化論的解釋」，在〈逍遙遊〉裏文脈上的暗示有二：(1)很多古代的文章及小說（中國也不是例外）都以宇宙創化論開始，聰慧的莊子必定知道這慣習，必定蹈襲它，用以表達他的意思的。(2)這篇以外莊書裏沒有全部都說到創世造化論的。

再者，文章裏有四個暗示，在暗示造化論：(1)創造及自創性在全莊書裏常是相纏不分的。(2)有集團的隱義的鵬鳥從古就與渾沌氏有密切的關係，甚至有時被視為渾沌氏本身。渾沌當然是創世前的原始的混亂。這鳥飛徙南冥，離明之域，也許就是創完的世界。這飛翔暗示創世，暗示得很濃厚。(3)在本篇提示了幾乎全世界所有的生物——植物、動物、人類。(4)聞一多在〈伏羲考〉一篇長文章裏說經過細心考察四十九篇古代創世的傳說及故事之後，他得了以下六個結論：

(a) 葫蘆用來免洪水災，也用來造人類；

(b) 匏瓠、雞蛋、伏羲，及女媧互相有關係，在語源上，在神話中；

(c) 匏瓠、伏羲，及木德也同樣地互相有關係；

(d) 匏瓠、伏羲，及樂笙也同樣地互有關係；

(e) 中國日常生活的器具是由使用葫蘆開始的；

(f) 葫蘆與「無手足」，「無頭尾」，「無耳目口」都互有關係，它們都暗示原始的混沌，原始的「肉球」，「肉團」，「肉塊」。

因此「葫蘆」含有以下的意念（在神話中，在語源上）：宇宙的造化及人類的始源，自創機巧，使用物體以求生存，水，浮遊，戰鬥。再者，在本篇篇始的鯤鵬似與篇末的大瓠及不龜手的膏藥互有關係——而這些意念皆歸宗於創世之題目。 即拉多氏 (Norman J. Girardot) 更加闡述雞蛋 、 葫蘆 、 洪水的互相關係。（看他的 *Myth*

and Meaning in Early Taoism: The Theme of Chaos (hun-tun),
Berkeley: University of California Press, 1983, pp. 169–256.）

再者，這種造化創世的解釋可使讀者 (a) 將造化與自創，笑、嬉，及想像互相接連，且 (b) 將第一，第二兩篇看做造化論兩篇——第一篇由幻想及宇宙論的角度看創造，第二篇由論理及存在論的角度，富有怡適地諧詼地看創造。由是 (c) 全冊莊書可視為談論一切事物的諷刺詩文。全本莊書就是「齊諧」，是傳統的笑話集，那裏莊子戲耍地由自己想像的泉源引據，也招待讀者一樣去由他們自己引用自己，換句話說，傳播自創的作為。

在這裏，不妨比較伊壁鳩魯 (Epicurus) 提出的科學方法的規準。(Lucretius, *On Nature*, tr. Russel M. Geer, Indianapolis, IN: Bobbs-Merrill Company, 1965, p. 116 (note 6), cf. p. 48 (note 12) & p. xxviii.) 魯克雷雕斯 (Lucretius) 報告伊氏說，好的科學的假設就是可產豐富的說明以及可與事實吻合的一套言論。從這規準看，我們的創造解釋是個「好的科學的假設」，因為這解釋可產豐富的說明以及吻合事實，即吻合莊書及人生事實。

魯氏英譯者基爾 (Geer) 發出怨言，說這「規準」不能阻止「幻想性的言論」。我們要問他，幻想性的結論有什麼不對的地方？它也許不合乎科學理論方面的一規則——「以簡為真」的原則。魯氏規範也許會使天地擠滿「莫須有」的「影像」(idols)，以及使天地間滿飛著由事物放射出來的映像薄膜 (films of images)（以使我們感官感覺其物之存在）。這些都是我們現代科學所不容許的贅物。

可是我們永遠無法證明說簡約的說明才是對，複雜的說明一定是不對。「簡即真」的原則也許是我們人類的偏見呢！至少我們可說伊氏的模型或許會激惹思考及美感，而這種激惹也許可繼續刺激科

學上的調查。

伊氏規準（豐富的說明，與事實吻合）所產生的系統（如魯氏的原子論）或使我們挫折於與事實無相干的窘境。這是哲學上首尾一貫律（coherence theory of truth）的主要弱點。「誤謬命題」（false statement）也是其中的一例，它與邏輯相吻合（合理），可是與事實不相干。可是這點一認清了，誤謬就可惹起我們的興趣，使我們再進一步去調查。詩句就是這種有興趣的誤見合匯而成的。不好的科學也許是好的詩句，引惹出好的科學。今天的科學是建立在雅典與羅馬的廢墟上的，蘇格拉底前的哲學家及羅馬的科學（伊氏，魯氏）皆是現代科學的前驅者。

我們這樣側視伊氏魯氏，是有其所以然的，就是說，如果我們的創造論解釋以後被證明為過分的錯誤的解釋，那麼至少我們可以說它是有趣的錯誤，刺激讀者繼續上前思考調查。它是有趣的，因為它可以使我們共觀第一、二兩篇。它是有刺激性的，因為讀者們可被刺激再進一步調查（又參看 3.2.b）。

好，我們總算繞了一個大圈子。現在可以回到本題了。我前幾頁說〈逍遙遊〉講述天地創造及個人自創力。這是非創之創。小動物之產生，在於牠們譏笑大動物，大動物也由是顯明為「大」。萬物如是產自深淵（冥），皆各以己為「可」（2/28, 33; 6/60, 90, 91; 11/11; 14/80; 21/27; 27/8 等）。因為牠（他）們一直將自己比較那些無用而不可捉摸的大鳥、大魚、大犛牛、大樹、許由、神人，及莊子本身。這就是無創的自創，由「笑」的創造。小鳥的譏笑產出牠們的「小」；宋榮子的靜笑產出他的「大」。太初有道，道與「笑」共在，道即「笑」（參看《道德經》第四十一章）。萬物以笑而造，凡受造者，無不以笑而造。

　　也許有人會說，「可是這豈不是將本末顛倒了嗎？並不是笑在創造，乃是本來已經存在的東西顯得可笑，笑才發生的。我們先要存在，然後才笑的」。這個抗議預先假定存在本身，空空的，沒有屬性的，先存有。可是這種假定的存在本身是哲學家們捏造出來的幻想，並不是真實的存在。「存在」常是帶有特殊具體的屬性的，是「a 性的存在」，例如，「下卑的存在」或「恬淡的存在」。這具體的存在在笑中產生。小氣的譏笑產出小鳥們卑小得可厭煩的存在，諒解的微笑產出宋榮子雅量豁達的存在。

　　所以我們可說笑從無中創有。庸物不先存後成庸俗，庸物由笑非凡之物而出現作庸俗之存在。這種由笑的創造是在冥中，在無何有之鄉，在常道之中發生的。「下士聞道，大笑之，不笑不足以為道」，老子也說了（《道德經》第四十一章）。道惹他們笑，由是他們開始存在作「下士」，然後他們說他們是自笑自創的。這就是「無」有的力量，深奧得不可言喻，不可笑指。在此境地裏彷徨徘徊，就心身換新，在笑中日日自新自創。

　　大物之創也是由於小物之笑。大鵬鳥很是宏皇壯麗，是眾生所欲望的，因為「鵬」本意就是眾「朋」隨從的「鳥」。不料牠的宏遠的大旅行卻成為譏笑的標的，英雄一夕墮成卑漢。因為其旅行看似無用，因為「用」須有可實行的目的及確定的目的地，可是「彼且奚適也」（1/15，「他以為他要去那裏？」）。這樣地，在庸凡的笑聲中宏大的旅程就出顯了。這是逍遙遊的造化，笑的變化，化生，是「渾沌氏之術」（12/67）的故事。

　　莊書與當時書籍一樣始於萬物之創始。可是只有莊書在笑，在反諷及戲耍中自損又自損，一層層地主張遊戲及逍遙的自由，似以這種怡樂自適為萬物的元始。

可是這是「似以……為」。莊子沒有這樣明說，他只呈現表現這旨趣。我們要小心去領會這暗示的詞意，平凡的讀者就看本篇只是漫遊泛談，輕佻不足味讀。他很想去讀第二篇的〈齊物論〉，沒有想到〈齊物論〉只是〈逍遙遊〉的引申而已。畢竟說來，全本莊書只是一隻深藏冥海的大鯤魚，是個「未始有夫未始有始者」，而且這「冥」是未確有的萬物的暗黯混雜，這些都是要使讀者化己為鵬鳥，自由飛翔徙到南冥。

畢竟說來，自由就是魂遊身外，人之自由是在「對自己自由」之時，自得而神馳，心移而自化。自己就是這種反對之歸一 (unity of opposites)，永遠動盪的源頭，永在掀起鵬飛。神馳心移就是騰飛離開舊己舊寓，自由地成為真己。成為真己卻不外乎遊歷於舊世界之中，而致超其世界，不被環境拘束，在其中自由來往。成己就是怒起、飛上、變化；自主就是突破「自主」。自持就是在天放自化中撤去一切。真的持「有」是超己、自「徙」。

總之，莊子的情趣可說是如下：

1.莊子的宇宙造化與個人自創大有關係；「全」創與「各」創是息息相關的。

2.自創是進到與以前不同的境地，進入「新」的地方。這種生活狀態稱為「逍遙遊」。

3.「新」是可悅的，可笑的，預料之外的，是心身的飛騰上升。

因此，天地的創造與「笑」大有關係，而「笑」與個體的逍遙騰上大有關係。

C. 自省自察

現在我們該清點存貨了，該自省自察了。在〈逍遙遊〉這是以

詭辯之士惠施的攻擊及莊子的回答來表達。這段對話又更加表明莊
子的思想體系的自纏性發展。

　　起初我們問莊子是否無責任的辯士：莊子所說的話到底有什麼
用呢？我們的回答分為三類：⑴莊子不是惠施，也不是蘇格拉底，
⑵莊子有活「邏輯」，與人生同活的「系統」，結果莊子有的是⑶「好
玩的」人生。

3.1 莊子與蘇格拉底

　　著名的西洋哲學史家葛史理 (W. K. C. Guthrie) 曾說蘇格拉底
與詭辯學士們的關係是 「微妙」 難測的。(W. K. C. Guthrie,
Sophists, London: Cambridge University Press, 1971, p. 187, note 3.)
可是莊子喚起法的邏輯與騙子的邏輯用法之別卻比他們的關係更加
難辨。

　　詭辯學士們說好東西是「有用」的，而有用與否要看隨境變化
的我們的欲望而定。詭辯學士唯一的標準只是有用與否而已（不是
真理）。反對這學說的是蘇格拉底，他要問那有用的東西到底是對什
麼方面有用的，到底人的存在有什麼目的。他的回答是說「好」的
東西不是隨風而變的有用的東西，一切「好」的東西必「共有一屬
性， 共有一個形式構造 (formal structure)」。（看 W. K. C. Guthrie,
Socrates, London: Cambridge University Press, 1971, p. 146.） 由是葛
氏下了一個概括的結論：「蘇格拉底追求每概念的定義……蘇氏不破
壞詭辯學士的思惟， 乃是包括它們， 超越它們的」。（看 W. K. C.
Guthrie, *Sophists*, p. 188, note.）

　　葛氏說蘇氏超含詭辯學士們，確是卓見。可惜的是，蘇氏的追
求定義無助於我們去追求莊子與詭辯士的差別，因為莊子沒有像蘇

氏定義的固定點去反對詭辯士。可是莊子仍然與辯士有異處的。莊子的喚起法不是辯士的散亂，乃是收穫豐沃的人生漫遊的潛力。

莊子及當時的辯士（惠施，公孫龍）都玩弄論證。可是莊子玩弄的結果是平安與怡淡，惠施之玩弄「內傷其身」。惠施只用詭辯、反語、逆語來炫耀聽眾。惠施的語騙，對實況沒有一點打痕。

表面看來，莊子的話語明確是又錯謬又可笑。它們的錯謬惹激讀者以另眼再看事物，而這新鮮的看法啟明實況的新的情勢。辯士輕托詞句而迷醉聽眾，莊子玩舞詞句來刺明人生虛偽。兩者皆是時代諷刺家，可是辯士只使我娛樂而混亂，莊子卻在娛樂中使我們懸解。莊子甚至玩舞惠施本身的議論，希望由是能刺明惠施，使他脫離他自己的小聰明。莊子不像蘇格拉底查驗惠施。莊子只讓惠施開展他自己的論辯。有時與他一樣地議論，詼諧地隨著他走，使那議論陷入無稽冗談。有時就捏造故事逗他自悟。莊子尤其欣賞這種語戲。後來莊子去惠施的墳墓，吐出他衷心寂情，講一段故事，說匠石如何追思所失喪的同伴 (24/48–51)。

簡言之，蘇格拉底為要發見真理而議論，他的議論對真理大有用處。惠施為了議論而議論，他的議論對說服對方有用。莊子卻為了什麼議論呢？倒沒有為了什麼。從他眼睛看，「為要」什麼這意念本身沒有意思。他的議論是無用的。

惠施操作的不是議論，乃是真理，為的是要說服人。蘇氏操作的不是真理，乃是議論，為的是要發見真理。莊子快樂地操作議論而遨遊於真理的境地。真理不是要發見的，而是常存的境界，在裏面我們安身遊心，如同魚在江湖自忘相忘地彷徨無止。

蘇氏對真理很認真慎重。惠施對議論很認真。莊子既不認真又不是不認真——他對議論與真理是認真而不認真的。因為莊子在真

理裏戲耍議論，猶如大人與呀呀譫語的小嬰孩說話，說「達，達，呀，呀」。大人不蔑視嬰孩，肯與他談話，卻不像嬰孩的同伴們認真地與嬰孩談話。大人快樂享受與嬰孩談話。

有個重要的問題還在。如果辯士們是哲學界的「壞蛋」，為什麼蘇氏及莊子願理他們，費那麼多時間與他們交談呢？因為在辯士們的「異端」之說裏藏有一點真理：即他們真是活生生地，活潑潑地，在當時動亂的社會中敢橫過跋涉諸多學派的思想。

詭辯學派是理智發展過程中的末期的現象，這是一般所公認的。當希臘的詭辯士出現時，約有三大學派在爭譽。第一派是自然哲學家，如賽理斯 (Thales)、亞諾芝曼德 (Anaximander)、亞諾芝曼尼 (Anaximanes)、亞那薩哥拉 (Anaxagoras) 等輩。他們都在尋找宇宙的原始資料，形成宇宙的物質原則。第二派是動力哲學家，以為宇宙原則在於「火」及「變」（赫拉頡利圖 (Herakleitus)）或在於旋動的原子（德謨頡利圖 (Democritus)）。最後一派反對上述兩派而以為一切是恆靜的，如巴邁尼德斯 (Parmenides)、季諾 (Zeno)、美利瑟斯 (Melissus)。他們都主張宇宙是一，是不變，是充溢的。概觀這三派之後，詭辯家們就決定說「人，才是一切的標準」。他們玩弄饒舌，操縱別人的言說議論，用來說服別人（並不想追求真理）。

在古代中國裏也曾有相似的事勢。當時曾有宇宙論派，如陰陽《易經》學派。也有主張禮節的孔孟學派及專注治國的法家，而夾在其中的是自制的荀子。在這百家爭鳴的大紊亂中掀起詭辯家，如惠施、公孫龍等輩。他們只用諸辯炫耀聽眾。

蘇氏、莊子俱不能輕視這個理性歷史上重要的轉扭時期。柏拉圖文筆中的蘇氏就開始用詭辯家辯論的方法來抵抗，反對詭辯家本身，以及仔細地追究諸概念及物件的普遍定義，由而達到永恆不謬

的形相 (Form)。蘇氏的思惟模型是幾何學，他的「善的太陽」(the Sun of Goodness) 是我們眼光的對象，或更正確地可說它是使我們視覺（知性上，生理上）成立的一個大理想觀念，這是視覺的世界，觀念的世界。

莊子卻不一樣。他如偵探一樣跟蹤詭辯士們。他追隨他們的詭辯的方式及經過，由而發見了一個重要的真理。他們不知不覺地呈示了一種系統，一種邏輯與生命一樣地活生生的，因為他們依著他們的直覺逍遙遊於邏輯的境界。他們邏輯上的無責任迷住了莊子，因為他們的作風象徵著一種活生生的生命邏輯，活的論法。

3.2 生命邏輯

〈逍遙遊〉可視為人生思惟論法的活性的寓言。這種思惟法反映生物的有機組織性。這種思惟有活的組織、結構，在反映生物或生命的體系。生命猶如大鯤，默默地浸活在宇宙的冥淵中。這種沉默生命的深浸體系遲早必定化成另一體系，鵬鳥似的體系，然後與他物始有相笑的關係。

無論這種有系統的思惟是像魚深浸於人生深水中，或像鳥高飛於抽象的天空上，這思惟總要有其自如，自性的自律；可是同時它也不可以過分地自知自覺。太自覺太組織化的思惟系統常趨硬化，以致不是陷入不合實際就是變成庸俗不值提論，而致將活變的生命實況強硬套進固定死板的體系裏去。無論如何地改修改善這種體系，這種不自然的強死套上的弊病是無法避免的。思惟的體系性對這思惟本身要隱藏不見，如樹木看不到自己的成長一樣；也許樹木在陸上是等於魚在水中。

對這種思惟的有機性的系統，我們有否高一層的總合體系，總

合準繩？莊子一定會回答說：有的，是逍遙遊的體系，彷徨的準繩。
這是無方之方，沒有體系的體系，沒有準繩的準繩。這種體系沒有
一定的規則，只逍遙然漂出自己舊習之外。它「溢出」它自己的圈
外，而溢出外面的體系不能說是個體系。因「體系」要有自括的邏
輯網，用以說明萬物。自括的思惟有確定的首尾聯貫性，用以說明
事物，一物無遺，連這思惟系統也可用這系統說明。至少我們的抱
負是如此。可惜的是事情不是這麼簡單，這體系的目的是要說明全
部的生命，而生命是無法用一套特定的體系去說明得了的。結果，
說明生命的系統就勢必自溢其外了，無法符合「系統」的定義了，
因此這種系統就叫無系統的系統。這種「自溢其外」的情形可整理
如下：

　　⑴沒有一本書可以包羅它所說的一切。

　　⑵沒有一個系統可以完全完成自己。

　　⑶因此造出活的系統的最好的方法，不是一直修改，乃是：(a)
講故事及 (b) 自纏。

3.2.a 書　籍

　　莊子講個故事，說有個輪扁（砍輪的工匠）竟敢向他的主人說
他的主人讀書等於在讀古老的糟粕而已。桓公（他的主人）生了氣，
說：「寡人讀書，輪人如何敢隨便批評，有理由還可以，沒有理由就
要處死」。他回答說他砍輪的手藝，「得之於手而應於心」，無法以口
頭傳給任何人，連自己的兒子也無法口傳之。他的兒子只能親自重
新地經驗，直接與輪子及器具接觸，方可學到（這是終結第十三篇
〈天道篇〉的故事）。

　　又另一故事，說有一人叫林回的，拋棄寶貴的玉璧，背著嬰孩

逃難。有人問他為什麼拋玉帶孩，他說他與玉的關係是以利合，所以破於災害，而他與孩子是天合的關係，所以災害會緊合他們(20/38–41)。可是這樣一說只是描寫那不可言喻的神秘關係，並不是說明得盡了的。

這兩個故事都在說「書籍不外乎談到人生，可是人生卻是言莫能喻的」。我們以為事實可用言語傳達，可是值得寫下來的事實不僅限於事件的經歷而已，而且富有價值的含蓄性的事實很難正確地無漏地傳達。莊子也說了，「傳達兩國相喜相怒的話，是天下最難的事情。兩國相喜的話，必定虛增很多好話，兩國相怒的話，必定虛增許多壞話。凡是虛增的話必定妄誕，妄誕就使人聽了不相信，不相信則傳話的使臣就要遭殃了」(4/45–46)。同樣地，幾乎每件重要的史事，都被歷史家懷疑過，熱烈地辯論過。怪不得莊子描寫他的理想鄉是至德之世，是「行而無迹，事而無傳」(12/82, 83)。

「不過技術上的訓導，因為沒有評價方面的意味，大概可傳達吧！」，我們也許會這樣想。可是就是正在這方面，剛引過的那輪扁說完全無法傳言或留言於書上。關於砍輪造輪他只能自認說「得之於手而應於心，口不能言……臣不能以喻臣之子，臣之子亦不能受之於臣」(13/72–73)。

書本的意味是要指示人生，人生卻遠超書冊所言所意指的。當然書冊只能夠記述有意思的，因為只有有意思的才可以寫下來。問題是「言語」只能有概括的意思。一些概括性的意思可以寫下來，如「人人必有一死」。而且言語要描述的人生不是一般性的，乃是完全具體的。猶如我們沒有「一般性的面貌」，人生也沒有「一般性的事件」發生。因此人生最值得記載的具體的事情，正是話語所不能傳達的。

　　如書本的所要記載的正是它們所不能記載的，則書所意味的就是超過所能言喻的，超過有意思的了。這是蘇格拉底反對書本的原因，因為寫下來的話語只能產生真理的「假像」。蘇氏嘆息地說：「也許你想它們（那些寫下來的文字）說得有道理、有意思，可是如果你問它們在說什麼，如果你要它們說明，它們只是一直重複說出一樣的話語」（看 Plato's *Dialogue of Phaedrus*, 275）。換句話說，話語要用有意思的去表達超意思的，它們要說它們所不能說的、也不說的。

　　蘇氏只否認寫下來的話語，莊子卻否決了一切的話語——寫的、說的，他都不相信。可是莊子另一方面又要承認說我們不得不傳達意思、意味，因為不說則那不可言喻的就完全無法傳達了。這樣一來，言默就相混合，而在它倆相纏中那無形的網形成了，充滿言默。超越言默，這無形的網就是事物的活理。這個「非言非默」的情境就盡了道物的極點 (25/81–82)。具體來說，這種言而不言的形態之一就是講故事。

3.2.b 講故事

　　日常的生活可以不完全地描述於故事裏，故事可以不完全地翻成論理體系。哥德爾 (Kurt Gödel) 說這體系可以配譯成為數目性的體系。可是哥氏又說這數學體系無法在那體系裏證明，因此數學體系沒有一個是自成完整演繹的體系 。 (Kurt Gödel, *Foundations of Mathematics*, 1969. cf. Ernest Negel & James R. Newman, *Gödel's Proof*, NY: New York University Press, 1958.)

　　換句話說，在世上沒有一個系統是完整的——無論這體系是數學的、論理的、敘述的，或是有機的。因此它們必定向外發展，連

繫於外面的體系，連繫於生命裏去。而最富有彈性的敘述系統是「故
事」。故事又有連貫又是開放性的，諸多意思互相織成一整套，而這
套織物可任意加減，很是方便。維根斯坦 (L. Wittgenstein) 說一個概
念是幾個意思絲線綿綿織編的一根紗線。(Ludwig Wittgenstein,
Philosophical Investigations, NY: The Macmillan Co., 1953, pp. 33–
34.) 因此每個觀念，每個描述都是個紗線，一個故事了。再者，每
個故事隱示著講那故事的方式型態，而這型態就是故事後面藏有的
生活型態。

　　這樣看來，我們就不能逐字逐義解釋任何描述或故事了。因為
它的含義多於它的字義。這是喚起、比喻、反語及情況含義的詮釋
法——如「在下雨著」包含「我相信『現在在下雨著』這句話是真
的」。解釋常是超過字面的過分釋義。而且正確的釋義有別於錯誤
的，因為（如布爾德曼 (R. Bultmann) 常說）正釋照亮讀者的生活情
況，錯釋則阻止這種光照啟發 (Rudolf Bultmann, *Essays:
Philosophical and Theological*, NY: Macmillan, 1955; *Existence and
Faith*, London: Hodder and Stoughton, 1961.) 波拉尼 (Michael
Polanyi) 也說：「神話明明是想像的產物。它們的真理是藝術性的真
理，這真理存於喚起（我們認為）真實的經驗的力量，有此力量的
神話是真的神話」。(Michael Polanyi & Harry Posch, *Meaning*,
Chicago: University of Chicago Press, 1975, p. 146.) 正當的過分解釋
增強人生洞察力，不正當的過分解釋只把原文複雜化而已。

3.2.c.i 自　纏

　　活的論理有兩個特徵：自纏及講故事。第一個特徵是〈齊物論〉
採用的方法，第二個特徵是〈逍遙遊〉的方法。可是兩篇都常用兩

個方法。我們先考慮自纏，然後考慮講故事。

活的論理是自纏的，反饋回輪的。這自纏可分為自纏性的首尾一貫及自纏性的首尾不一貫。一貫性及不一貫性都合成歸入於有機系統的自纏功能中。〈逍遙遊〉的構造提示這種有機自纏性——第一部分深化於第二部分，然後再經深化於第三部分的自評。

如我們把論理生動化，則它就常常變化，連它的規則及變化率也在變化。那麼，在這情況裏，什麼是合理的、不隨便的呢？這是莊子要回答的重要問題。連那赫拉頡利圖 (Herakleitus) 也要下一個永恆的定則：「爭為萬物之父」。

莊子定會循著赫氏的作風，莊子的回答定是：自己首尾一貫（即自纏）與不一貫的韻律。這個「規律」與赫氏的不一樣，因為赫氏的是一切在爭在變，莊子的卻變而不變——「不變」，因為這定則可以普遍地適用，甚至適用於它本身；「變」，因為首尾不一貫在定則本身裏面。這樣就產生了夢醒、生死、成毀、多一、大小、知不知、靜動等諸生態的內面相纏。自纏不僅是其中要素要相反，更要相關，又要相含。而這「三相」就是那陰陽理論的真諦，也是莊子文章的生動活躍的原因。因為莊子只是在隨著生命的原則而行。尼采 (Nietzsche) 曾暗示這點於他的「生物學的原則」(biological principle)，由而生出「權力意志」(The Will to Power)。可惜他（不像中國陰陽說）去闡述這原則。

生命有其律動——收縮舒張，吸入呼出，夜返日出，以及自纏自指的首尾一貫與首尾不一貫。「自指的首尾一貫」是好像生命反饋系統的有機連貫，以使生命有整合性，使一個見解有生命、體系、連貫，不致紊亂、散失、死亡。「自指的首尾不一貫」是好像成長、變化，甚至冒險飛移、轉生，使一個見解或故事的生命不致自嚼自

滅於自己論理的包旋螺渦中，不致一直絞出可厭煩的同義句的反複或錯謬句子。相反地，反語矛盾，謬誤荒誕，如明知而故意說出，故意傾聽，則可用為二律相悖來刺激我們深思，清算我們的獨斷。這些狂語把一論題論得不完整，使讀者不得不參與，進一步探索。

「自指的首尾一貫」是自纏，「自纏的首尾不一貫」是他纏。這雙纏證明一個思想體系是活的。雙纏共聚而形成反語暗諷，又集中焦點，又裂開散播，又意味深長又惹激新境。這是個轉化的境界，逍遙地徙遊，從北極的冥暗飛徙到南極的玄奧，從「每處」到「無處」，從「無用」攪出無數的「有用」。

這就是大自然的理則，生物學的原理。它具有內在理性的生命（無功，無定己），也具有外在理性（化生，飛徙）。這是呂格爾 (Paul Ricoeur) 所淡稱的 「內在發展的論理」。(Paul Ricoeur, *The Conflict of Interpretations*, Evanston, IL: Northwestern University Press, 1974, p. 5.)

這裏要注意的是在具體的生命活動裏無法分別自纏的首尾一貫或不一貫；它們都攪和於生命偉大的故事裏。〈逍遙遊〉正是這種生命諸故事的美術拼貼。

故事是某定思想的開展，是論理體系適用於生命，在其中徘徊著。對話是兩個故事的合一，互相彌補，互相富化。莊書有很多故事與對話。一般論說只是展示其內容，故事與對話卻不同。它們所說的表面上看來，簡而易見，好像不容贅說，我們詫異為什麼要特別提出。我們就覺有進一步去調查其言外之意的需要。也許我們將那故事的講法體裁應用到故事本身上去，或將講法套上故事裏面的腳色上，或套上我們的生活上去。它們的「簡明」就是其「詫異」處，這詫異處就引進讀者纏入故事（及對話）的自指以及指向生命。

　　莊書的故事看似亂雜地湊集，其實因為這是古書，在很多年代中也許真地很多故事投入其中，無次序地。可是不久我們注意到這些故事互相映照。它們如不是互相「笑」，就是很機巧地從很多稍微不同的角度互相闡明，或故事互排的次序就已足夠釋明重要的概念。〈逍遙遊〉的末尾部分 (1/35——) 就是關於「神人」（聖人）的自纏說明。這樣地，這些故事互相開展各自的含義。而不知不覺地這多種故事的混合併成的混合畫慢慢地呈現其真意了。

　　對話裏面的角色不但討論他們談話中的題目，他們本身也纏入所論談的內容。談話的風氣——戲耍、認真，或戲耍先生遇到認真先生——就已反映著討論主題的深意。

　　例如，〈逍遙遊〉最後的對話警告惠施的狸狌似的辯才。這辯才必將惠施陷入機坎，死於網羅之中。莊子的看似無用的閒話會將人生「樹」立於閒遊安逸之中，雖然很多生物譏笑，詫異其用處。這樣，這一點圈回套上全篇，使其要義顯明。

　　再者，這些故事這樣跳出它們圈外，也這樣跳出莊書而跳入讀者的生活之中。畢竟說來，以上這些話都是讀者逗出興趣而走出來的圈套。他自纏於這種書外的考察，他也發見他自纏於這些故事暗喻（不明說）的奧理。不久他了悟了，這種纏入就是莊書所要傳達的真意。人生的奧理我們不纏入是不得獲得的，猶如學習泳水不得不入水濕身。人生至理將讀者纏入於他本身的自省自察，這省察導引他超越日常的瑣利雜務。這些故事呈示的真理使故事自纏，使讀者纏入，由是圈進實際生活。自纏就是這樣地跳出故事，跳進故事本身，而由是而將讀者也鉤進去。這就是人生的喚起。

　　這自纏是自指的首尾一貫與首尾不一貫的。而這兩種自指的衝突惹激讀者自動跳進人生掘出其中奧義。可是這樣明說人生與莊書

的論理及生物學原則，並不正確描寫人生或莊書，因為他（它）們並不「明說」這些原則。到現在描寫的「原則」其實只是個暗暗的標示指向著生命現實的，易撓屢化的活理。因為或許所謂的「原則」是如生命一樣隱晦不可見。在生命活動中這原則被諷示，猶如血肉身體的活動諷示那易撓的骨骼構造。莊子用「卮言」一詞表明這情況。卮器滿傾空仰地隨物而變，怪不得只有這隱喻法方可解釋〈逍遙遊〉。棄此法則等於逆生。到現在所做的，等於以理性的 X 光線偷偷地透視人生內部構造，之後就讓它走，偷視太久就等於不自然的透視太久，停止生命活動太久。幸虧我們有偷視活動中的生命的方法，這就是講故事。

3.2.c.ii 故事中的生命流動

　　生命論理的特徵之一是其流動性。這流動，故事可暗暗地略示梗概，因為故事與所描的事情一起流動。

　　莊子講了大鳥的故事，飛翔天空潔淨我們心境。他一個個地接著講故事。他很巧妙地把它們織成一個混合畫。我們在裏面動，得了它們意義的共鳴反響。

　　起先，小物不知大物；大的宋榮子可以用微笑對待他們小物。可是，以後我們了悟了（這是第二點）。這些小物還是值得考慮，因為大鳥、宋榮子都沒有樹己於無何有之鄉、廣莫之野 (1/19, 46)。

　　這些故事都只是小停驛站，引導我們到神人聖人的至境。不久另一串的故事又來了，它們來闡釋這至境——許由氏拒絕堯帝的禪讓，神人在遙遠山中的居處，以及堯帝之忘天下於會合四子之後。最後一組的故事談到「用」，結束於無用之物的「有用」，這些無用的東西是本篇提過的諸多東西。

談這些故事等於組成及執行「活的秩序」。這些故事可以深深地感動我們，將我們從習慣思境移動到新的意境。故事是「比喻」，也是與「比」「喻」的原義相吻合的比喻。「比」原是「以此從彼，或以彼從此……彼此意同心合而主動相近……親密並比之稱」。「喻」的原義是「古代天然木舟通江河兩岸之工具，喻在求雙方的通曉，有如舟之通達兩岸」。（看《正中形音義綜合大字典》，臺灣正中書局出版，民國七十年增訂四版，第 232, 797 頁。）故事如比喻之原義，將我們帶到新的地方——新的思想，新的行動，新的文化，新的觀點看法——而讓我們以那新的比喻居住在那裏。比喻有這種力量，因為它是故事，有力量充滿全生涯。例如，戰爭的故事很有力量鉤心奪魂，支配我們辯論的世界；我們辯論猶如與對方交戰；金錢的故事大有力量，使我一想時間就想到金錢；相似地，數學及視覺是科學家們居住的世界。如此，我們在比喻裏生活行動，我們稱它們 「根喻」 (root metaphors)，「範例」 (paradigms)，「前提」 (assumptions)，「公準」 (postulates)，甚至 「先入觀念」 (prejudices) 等。可是儘管我們如何地稱呼它，我們沒有它是無法生存的。我們以比喻的小故事而過活，比喻整形我們的為人，塑造我們的處世。可是沒有一個比喻單獨通管人生一切各方面的活動。每個比喻強調生活的某一方面，忽略其他方面。

我們需要無拘束地出入諸多比喻，常試用新比喻，以新觀點使用舊比喻，在某一情況下活在某一比喻中，在另一情況下又活在另一比喻中。為要如此自由出入於很多比喻，我們要有新的比喻把我們喚起、惹激而由舊比喻徙移出來。莊書就是這種比喻的比喻。莊書沒有一個特定的比喻，卻湊合很多比喻成為一個混合畫，來喚起惹動我們在諸多比喻中出入。

或許我們要說莊子究竟也有他特別的比喻，因沒有比喻沒有人可活在世間的。他的逍遙遊的自由在暗示說這世界遠比我們自己的任何比喻大得多了，這是無比喻的比喻。這是個比喻，因它反對其他各種的比喻，例如反對以機械去比喻世界。可是它卻不是個比喻，因為它沒有特定的體系及內容去指示導引我們。它要我們自己發明自己的比喻而自由地活在其中，有時修改它，有時棄絕它去發明新的比喻。這種莊子的比喻的自由體系呈示於諸多故事的混合，每一故事指向其他的故事，再以深刻意義反映過來。這種故事互纏織成一框子，一世界，使我們悠然地徘徊其中。

魯克雷雕斯 (Lucretius) 的目的也好像莊子的目的。魯氏也是要給我們一個清晰的宇宙觀來從綁住我們的舊比喻釋放我們。(Lucretius, *On Nature*, II: 55–61.) 可是魯氏以他自己的比喻，原子論，為真實正確的比喻，由而囚綁於其中。電腦的世界也是一樣。電腦是不改變其比喻的，人的生活卻不能只關住於電腦計算裏面，而常常變更其比喻的。(參看拙著 *Chuang Tzu: World Philosopher at Play*, "Overture"，特別是 "C: Understanding"。)

大鵬鳥被小鳩蟬們譏笑，大概不是因為鵬鳥太大的緣故，乃是因為牠大得笨拙。牠要等待六月季節風，預備數個月份量食糧，好像牠生命唯一的目的只在飛騰。牠欠了小鳥們的實際性的敏捷變通。小官吏也是有其變通權宜的地方的。

可是，從另一角度看，飛騰可以代表飛出超脫舊習舊喻的老世界。飛騰是自徙，從一比喻移到另一比喻，是自變；我們人生的比喻變了，我們自己，我們的世界，也就隨著而變了。短期性的實際權宜只停在同一世界。這種生活使我們枯乾，一碰到大葫蘆就張慌不知所措了。

　　同樣地，大犛牛大樗樹看似笨拙無用，可是它們安居於無境之境，無何有之鄉，廣莫之野。它們不拘束於任何特定的比喻。

　　這些故事比喻又反響那兩冥，就是〈逍遙遊〉的開始。在那宏遠的幽杳深淵裏這些無用的生物彷徨遨遊著，牠們變更牠們的比喻而變化牠們自己。因為牠們沒有定居，牠們各自特有的居處使牠們自由無比。這就是自化及宇宙造化之偉大。這就是逍遙遊的廣莫。這就是那些荒誕的故事的要旨。它們使老少聽眾悅適，雖無助於實際事務，它們卻使我們停工憩息，使我們快怡地自化，世徙。

　　自由變更人生的比喻就是經過自化及世變。這是從大魚的境界變到大鳥的世界。這是與尼采的大鷹一共飛騰，只是沒有尼采的譏笑。

　　這樣經過世變造化就是成為內心安適純潔。這等於栽種大而無用之樗樹於廣莫無邊的無何有之鄉，逍遙乎寢臥其樹下。外面變，內心安，由是「不夭斤斧，物無害者，安所困苦哉」。

　　心安即神凝，純潔，獨立猶如魯氏的原子。安處於己即與己合一，成全整一，完全無雜而不可毀。魯氏的原子從外面看是不可視的；同樣地，莊子的個人主義也是無法客觀地描寫的。魯氏的原子自由活動，不可毀滅；同樣地，莊子的真人神凝，逍遙飛騰，物莫之傷。可是這種純凝是無法傳達的，因為每一個人各各都是自己，各自不一樣，各自本身要尋找各自自己的純凝。莊子等於給了我們一個不是勸告的勸告──「要純凝守己」。

3.3 好玩 (fun)

　　可是當然這永恆的幸福引起了很多新問題。我們在追求自創的笑聲中如何去避免輕佻？我們何不索性抽手昏度光陰？我們進入這

種問題，思索它們，便是等於逍遙遊於無境了。這種彷徨會潔淨輕化人生，由是強化人生。這就是「好玩」的人生。

天才與瘋狂之間定有微妙的差別；同樣地，創造與輕佻在實際上也很難辨別。一位法國文學的教授（叫斯完遜氏 (Severin Swanson)）反對我用這不文雅的美國俚語，「好玩」(fun)，來描寫這麼鄭重的題目——人生的目的。他主張說「幸福」(happiness) 才是人生真正的目的。

他**當然**是對的了，因為輕佻不能算是我們應當志向的人生目的，而是我們應避免的人生滑足失手。而以上所說的「當然」一詞正是問題的中心，因為莊子的意思是說人生的目的「就是」人生的滑足。努力的朝向人生目的，必定會錯失它不能達到它。相反地，「讓」人生「滑足」過去，便可「達成」人生志向。從這觀點看，「好玩」是莊子的很適妥的描語。「好玩」異於幸福，是當然的，可是畢竟說來這種分別辨異也許是不大正當的。

這點莊子很奇巧微妙地描寫於那夢醒兩境的故事（蝴蝶夢的故事）。莊子「醒過來以後」才了悟夢醒有別，「而後」才詫疑他是已醒了抑是尚在夢中，「而後」說這懷疑無關重要——只要知道醒夢有別，又知道我們不知道自己是夢抑是醒。換句話說，只要我們悟「醒」曉知我們永無法知道我們是醒是夢，我們就可以一直活下去，為人無誤。

好玩與幸福的關係，猶如夢中與清醒的關係。它們各有異別卻不可分離。它們相異而相滲相入。人生的理想境地並不是「理想」而是平凡，這即是微妙地湊合好玩與幸福，輕佻與深奧，愚蠢無謂的獸話與天放創意的大笑，蕩子的惰睡與聖蕩子的睡眠，遊子的蕩遊與創造飛騰的逍遙遊。最重要的是要了悟它們畢竟無法辨別。這

了悟要用笑聲才可惹起，是由看到無稽之寓言故事惹出的笑。這是榮耀，也是危險。因為這種笑聲，容易飛騰上天，也容易失足跌坑。真是容易！

這個「好玩」就是「遊」，遨遊、遊戲。「遊」有三義——浪遊、笑樂、遊戲。浪遊天地是莊書顯明的意思。《廣雅》提出「戲」作「遊」的主要字義。在莊書裏「遊」當「遊戲」之字義的出現三次——6/81; 11/44, 45; 9/17——而這些都是重要的章句。在 9/9「遊」的三義都合併了。

通常笑樂與遊戲並行，因為遊戲當然是快樂好玩的。莊書屢次提起遊戲，又是在意外的地方提起。第三篇（〈養生主〉）說到人生跳舞其職，甚至卑賤的庖丁之職。同樣地，卑賤之職務——輪扁、操舟者，梓慶的削木為鐘架，打鉤的工匠，莊子都大大讚揚了 (13/70; 19/22, 54; 22/68)。

莊子對遊戲的態度很有意思。一方面他以戰役為遊戲 (25/ 20)，另一方面他看閒暇遊事甚為重要——如捉蟬、釣魚、弓射、打獵、騎馬、奏樂、觀魚、觀鳥 (19/17; 15/4; 17/81; 21/47; 26/11, 48; 19/25; 24/39; 24/57; 19/59; 22/68; 24/41; 17/87; 20/61)。這些遊戲啟示人生真相及人生要道。認真的職業莊子遊要地處理，遊戲莊子卻認真地描寫思慮。人生是認真的「好玩」事。

我們要記得，以上舉出的「遊」的三義都共存於一切「遊」字裏，雖然有時強調某意，有時又強調另意。浪遊等於笑樂遊戲。笑樂等於遊戲地浪遊。遊戲等於隨意浪遊。如此成己等於在天地間浪遊作樂，而這種逍遙遊就是創造——如第一、第二篇所言。這就是自己享樂人生。人生等於跳舞作樂——如第三篇所記。這就是在人間世好玩遊浪——如第五、第六篇所說。朋友交情是好玩的，毫無

拘束——如第六篇所描。逍遙遊於未來之境，好玩好作樂——如第七篇說的。

當然認真不反對笑樂，因為兩者俱是心魂被迷住的狀態。認真了，笑樂就不至浮躁；笑樂了，認真就天放而不黏著。總之，自由任性地浪遊，笑樂而遊耍，就是萬物的原狀，是我們人生的要道。這就是成為真己，好玩地逍遙飛騰。

我們還需再說什麼？悠然逍遙寢臥於無用的樗樹下，享受日煦的可愛，感受天運，冒險與大鳥飛翔於豐溢精氣的高空。奔放自由的神氣，溫暖自我於淡漠的飛騰，自我已不在是非、愛憎的桎梏中，而怒飛高升而俯視萬物，與小鳥之閒談無關（牠們不知己，不知其所談）。這大鳥已經棄絕了一般慣習所尊崇的，更棄絕了尊崇本身。真的，彷徨於無用之樹下就等於飛騰上升於庸物不可達的高度。一切如何地安祥共存於深冥的光亮裏！從那凜冽的高空、深淵看來萬物樂群。在這裏大鳥與小物集合了。好，我們可去看牠們如何會合了。

第九章　齊物論──其題目、其內容

因篇幅的限制，本來有的四篇冥想（關於〈齊物論〉）中，只能在此發表其中的一篇。其他的三篇我已發表於 *The Butterfly as Companion*, NY: State University of New York Press, 1988，也希望以後有機會以中文發表其他三篇。本篇又可分成兩章──在本章討論〈齊物論〉的題目及內容，在最後的第十章討論哲學與萬物自齊。

〈齊物論〉組合並論三個總題──「齊」、「物」，及「論」。「齊」即天下萬物的次序，一統，「物」即活生生的互湊互異的萬物。只提這兩個題目我們就覺得莊子的論題比巴邁尼德斯 (Parmenides) 的一元論，或赫拉頡利圖 (Herakleitus) 的動力論，來得更複雜、更平衡。因為莊子並論他們兩個相對反的論說。

客觀來看，縶繫這兩個論題的結點是那玄妙的天府，其南北兩端是冥暗的。主觀來說，這結點是會悟而自纏的無知，醒覺物化的不確定性。

本篇看似惠施那種變戲似地逗弄論理系統，誑騙聽眾。可是莊子與惠施迥然有別。莊子嚴峻地使其言自纏而首尾理脈一貫。莊子同時又凝視不離所討論的事物，絕不如惠施以詭辯誑騙聽眾。

可是，儘管莊子論調嚴峻深奧，他在字裏行間卻是富有微笑的。如果本篇是哲學理論性的，則它是個堂皇的做哲學的哲性詼詩文。因此本篇很是滑溜易失的。我們先看其題目及其內容大綱。

一、題　目

1.1 斯微庇 (Swabey) 討論嬉笑的書，一開始就警告讀者，說「如果你希望能在本書看到滑稽的討論滑稽性的笑，那你就錯了……重

要的……是要看出在喜劇性、滑稽性的詼笑中我們達成論理上的真理……形而上學地看，我們忽然看到深一層的合理去抹殺人生的不合理、微感……萬物的次序………察覺天地間的價值，而可安宅其中……啟示一種理想……」。(Marie C. Swabey, *Comic Laughter*, New Haven, CT: Yale University Press, 1961, pp. v–vi.)

當然我們是徹頭徹尾贊成詼笑的重要及用處，可是我們很詫異為什麼察覺詼諧中的真理，這察覺本身偏偏不可以詼諧。如果詼諧是達覺的要徑，嚴肅長臉的分析其徑就顯得有點古怪。

不可否認的，說明詼笑也許會減少其笑樂性，可是我們不能說這種說明本身不可令人心悅，甚至詼笑！如果（如斯女士所言）詼笑是達到真理的一個重要途徑，如果說明它等於顯示這途徑，則這說明最好的時候就是這說明呈現原來的詼笑性的時候，以詼笑呈示詼笑性。齊克果 (Kierkegaard) 討論蘇格拉底的反語暗諷 (irony)，也許不如蘇氏本身的反諷，可是至少齊氏的文體呈示蘇氏的巧妙處，而在這巧妙中蘇氏的反諷就自然地傳達給讀者。

畢竟說來，詼笑及反諷的詮釋應當不僅清晰地傳遞內容，更需忠實地表現筆者的風度，不為風度而犧牲內容，也不為內容而犧牲風度。由是向讀者指示惹激真理的出現必定需要詼諷的筆法。當然這是因為活的真理必須活捉。「風吹」不能抓進箱子裏來調查。生命的風吹，我們只能站在其吹徑中去感覺其氣息，因為它是無法用論理的網子去分析的。要詮釋由詼諷傳來的真理，無法以分析詼諷而可成功的。我們須重新排置讀者的姿勢心境，由而使讀者容易自己去感受詼諷的惹激。這種激發，喚起，不能迫取，更不可分析。我們要讓它自己來，也準備我們自己接受它的自來。一切詮釋是移開阻礙的工作，重排環境來使文意自臨。

在哲學需用詼諷的原因有兩個：第一，如斯微庇指示，通過詼笑我們最可活覺萬物的次序，天地的價值。第二，這種察覺真理甚為益身爽神，在微笑中輕輕地使某一點鬧翻另一點，我們如漁夫居在其間得利。不束縛，可自由地從各觀點省察某一論題，是甚為益身悅生的事。

莊書第二篇的〈齊物論〉是個堂皇的做哲學的哲性詼詩文。很少人注意到這點。一般學者都以為這篇是嚴肅的存在論或宇宙論的闡述，或者是反駁當代諸學說的嚴謹的一連串論說。註釋者們一般都板起面孔勞勞苦苦地說明繁瑣的論證步驟，再而仔仔細細地說明莊子各句的背景典據，然後提出他們巧妙的解釋，解明莊子隱晦的格言警句。他們都見樹而不見林，過於綿密而反不解大體。

如我們以為本篇是嚴謹的哲學論議，則我們永無法了解其義了。因為整篇只是隨便扯出來的哲理斷片隨便湊合，我們永無法從中尋出首尾一貫的一個哲學論證。我們只在火山頂上繞走於所噴出的格言片中。由是我們以為這紛亂狀態是來自歷代抄錄者們再次錯抄那已經抄錯了幾次的抄本。

對本篇最感共鳴，最表同情的一位注釋家是葛理翰氏 (A. C. Graham)。他以為本篇是一個嚴謹的哲學論說，他很機巧地說：「莊子邊想邊說，點寫活活的思絲開始出現的諸瞬間。這些思惟不是有系統的，只是緊緊實存的……他與他展開中的思惟掙扎……將某一思絲形式化，之後攻擊它、修改它。有時他是批改他自己暫時形成的思想，可是他總是在攻擊當時通行的思想的。」（A. C. Graham, "Chuang-tzu's Essay on Seeing Things as Equal," *History of Religions*, November/February, 1969–1970, Vol. 9, Nos. 2–3, pp. 137–38. 他這見解至今沒變。看他最近著作，*Chuang-tzŭ: The Seven Inner Chapters and Other Writings from the Book Chuang-tzŭ*, London: George Allen & Unwin, 1981, p. 48.)

　　在這裏莊子被描寫成一個年輕的思想家，掙扎著達到「圓熟的思想體系」，這圓熟思想的一端可見於第十七篇的〈秋水篇〉。這個詮釋豫先假定莊子也有我們一般思想家的理想，就是想要達成龐統的哲理體系。從這豫定假設看，當然莊書是一連串的結結巴巴的試探，充滿著洞察碎片，半成故事片。這種可憐的情況其實反映我們自己詮釋學的貧乏，與莊書無關。

　　如果我們丟棄這看法，不以莊子為掙扎要達成圓熟思想體系的年輕思想家，而接受他本身的作風，隨著他活在其思想中，引用「聞名」的思想。這些思想有的是有名的，有的是捏造的，有的是引用錯的，而後莊子馬上改變它，或另指新路。如果我們以為他故意地這樣作，用他的「卮言」（如他自己說的）來注出不斷的變化，遍揮詼詭狂語，來惹激世人脫其沉濁 (27/1, 5; 33/63–67)，真正的莊書就會呈現。

　　換言之，我們試看莊子很頑皮地蕩遊天地之間，一面笑著宇宙性的大笑，一面戲做一般哲思。這樣一來，我們就可以了悟這種戲做也是一種哲學思法用以惹激我們深思，比任何思想法更有力地激惹哲思，惹出活生生的哲理。它「宏大」而「深閎」，永遠「不竭」(33/68–69)。

　　這樣一來，這篇斷片性的性格忽然呈現新意義了。半熟未全的思想斷片拋上來了馬上又被取消，名人名言提出來了馬上又被駁倒——這些看似無益的徒勞我們現在了解其因了。莊子實在是在戲耍思惟及論證，戲諧它們。莊子在呈示普通那嚴謹認真的辯論是如何地可笑無謂的。我們要做的不是辯論是非，乃是要豐溢的生活。

　　這種詼諧不像尼采的詼諧。尼采也要將一切宇宙的真理表現於最少數的話語，來激起全世界。可惜的是尼采太辛辣了，太蔑視「凡庸」了，以他偉大的自我太自傲自誇了。相反地，莊子藏己於陰喻及微笑之中。他諷刺卻不毀滅，只讓對手自己毀滅自己。他的攻擊沒有一般正統攻擊那麼一團糟。

　　葛理翰 (A. C. Graham) 說莊子所用的專用名詞，如　「辯」、「兩」、「取」、「勝」、「名實」、「舉」、「類」、「堅白」、「可」、「是非」、「然」　等，是來自當時公認的論辯經典，《墨辯》。（看 A. C. Graham, "Chuang-tzu's Essay on Seeing Things as Equal," *History of Religions*, November/February, 1969–1970, Vol. 9, Nos. 2–3, p. 139.）這點是對的。大家都知道莊子屢引兩個聞名的辯論家，惠施及公孫龍，卻不明提其名。可是沒人注意到莊子也輕浮地故意地錯引孟子的話。「萬物皆備於我」(7A4)，把它歪成「萬物與我為一」(2/53)。孟子嚴肅的宣言，「天之生物也，使之一本」(3A5)，轉成「道通為一」(2/35)。連篇題本身，「齊物論」，很可能也出於彈論孟子的「夫物之不齊，物之情也」(3A4)。莊子並不是幼稚的，他熟識名士名言，自由地運用它們。

　　可是莊子最苛刻的譏刺是指向詭辯家。他們妄用言辭詭計，毫無責任。莊子就將他們的輕佻轉向應用於他們身上，而由是提出新穎的形而上學洞察，掀起人生處世方面的革命。

　　葛理翰 (A. C. Graham) 說〈齊物論〉這篇通常被認為是莊書裏的「最重要的一篇」，是「《道德經》以外關於初期道家思想最重要的文件」。（看 A. C. Graham, "Chuang-tzu's Essay...," p. 137.）我們詫異他真否諒解他正確的陳述裏含有多深長的含義。

　　1.2 大凡註釋家都同意〈齊物論〉是部傑作，但注意到它是個堂

皇的哲學詠詩諧文的卻極少數，也很少察覺篇首題目，「齊物論」，
是多麼意味深長。

「論」是言說、對話、辯論、思惟、判斷、論證、批判、論說
等。

「物」不但是可目睹的物件，而且包含一切存在的，可見的與
不可見的，活的與沒有生命的，超凡的與庸俗的，以及情況方面的
物件，即事件。「物」也可當動詞用，有時有「占」卦之意，在莊書
20/7; 22/50, 75，有「物物」一詞。「物論」也可有喧騷的輿論之意。

「齊」很有意思，它有的十五多個意義中，三義值得注意：(a)
原來它是寫成 「𪗴」，「禾麥吐穗上平」 的象形字 （《說文解字詁
林》，臺北鼎文正補合編，6–310）。這些黍穗的形狀、顏色、高低
等都相似，遍野微搖。(b) 以後「齊」表明整理、調和諸多物件使它
們有某種次序，如以鹽梅齊和飲食，或齊和藥劑。(c) 然後它就有平
「等」，「同一」等意。

以上諸意可以總整理如右：「齊」不是「同樣一致」，廢除各自
個體的特獨性質，反而是描寫諸多種物體，各有不同特色，互集成
群。莊子說得好，他說：「萬物群生，連屬其鄉，禽獸成群，草木遂
長……夫至德之世，同與禽獸居，族與萬物並，惡乎知君子小人哉」
(9/8–10)。這就是快樂同群同居的天國的「齊」了。

至於「物」，是包括人及人事的。「物」包括一切形成我們世界
的事物，因為我們人類也是萬物中的「物」的一種，我們應該「入
獸不亂群，入鳥不亂行。鳥獸不惡，而況人乎」(20/36–37)。

最後我們看「論」，它不是論理學的三段論法或形而上學的思想
體系。因為「大辯不言」，「聖人論而不議」(2/57, 59)。本篇〈齊物
論〉的目的原是要警告我們不要倉卒地系統化思惟，要我們「忘年

忘義」(2/92)。又給我們理由，來說明為什麼我們要如此處身行世。

1.3 將三字合併，我們得「齊物論」。這句有幾個含義，我們至少可看五個互相關聯的意思：

⑴「齊 ⟶ 物論」：本篇齊和、整齊、齊等、齊均諸多物論。

⑵「齊物 ⟵ 論」：本篇討論齊物的論說，討論萬物如何齊和齊均。

一向這兩個解釋盛行。黃錦鋐說唐朝以前，第二說普遍。從宋代以來兩說皆有人奉持。

第二說的論據是如右：關鋒說「物論」本身是萬「物」中之一物。一旦萬物被齊了，言辭自然也齊了。黃錦鋐說一旦他我之別廢除了，一切言論及辯駁也就停息了。因此第二說包括第一說，第一說卻不能包括第二說。吳怡說莊書有「物齊」(17/44) 或「齊物」(33/43)，可是沒有「物論」一詞。

第一說的論據如右：陸樹芝說萬物本無是非，是非之別原起於成心，而成心產生言論。王夫之說我們「疲役而不知歸」，其因出於言論，「論興而氣激」。畢竟說來，我們的物論本身即我們的煩擾，這是 2/9–14 所明言的。

除此二說以外，尚有三說之可能：

⑶「齊 ⟶ 物」與「齊 ⟶ 論」：本篇關涉「齊物」與「齊論」兩議題。

⑷「齊 ⟶ (物及論)」：本篇「齊」和「物」及「論」兩者。

⑸「(齊物及物) ⟵ 論」：本篇「論」及我們的「齊物」及萬「物」本身的關係。

其他解釋當然是可能。可是那個解釋是對的呢？莊學家們向來以為這是個正當的問題，而一直努力回答這樣，回答那樣。可是我

們要究問這問題本身。因為這些解釋是互相重疊的。由是有第六個解釋法的可能：

(6)莊子微笑地說：「由你自己挑選吧。」因為任何解釋我們選取，都會引我們到其他解釋的，以致終究我們會抱持全部的解釋法了。

這種流暢性的卮言理性（參看拙著 *Chuang Tzu: World Philosopher at Play*, Overture, A）是莊書的一大特色。莊子又會說，這並非沒有其所以然的。因為以這種卮言性的作風我們才能反映實在的世界的理性，一直活潑潑地流動不息。

二、內　容

2.1 大　綱

2.1.1 我們考察什麼才是最適妥的莊書大綱時，又可見到莊子的活性理性。我們看到很多可能的綱要，每個滲入到其他綱要去。起先，我們可以看三個（註釋家常提出的）典型的大綱，然後我們提我們自己看的四個大綱：

張成秋在其《莊子篇目考》（臺灣中華書局，民國六十年，第五十八、五十九頁）說本篇有十一節：

（一）三籟：（從「南郭子綦……」開始，2/1）

（二）成心互鬥：（從「大知閑閑……」開始，2/9）

（三）言辭相生：（從「夫言非吹也……」開始，2/23）

（四）萬物通為一：（從「以指喻指之非指……」開始，2/31）

（五）成與毀：（從「勞神明為一……」開始，2/37）

（六）言語爭論：（從「今且有言……」開始，2/47）

（七）無謂的政伐：（從「故昔者堯問於舜……」開始，2/62）

（八）德超生死：（從「齧缺問乎王倪……」開始，2/64）

（九）生死如覺寐：（從「瞿鵲子問於……」開始，2/73）

（十）辯論無益：（從「既使我與若辯……」開始，2/84）

（十一）忘己則物論自泯：（從「罔兩問景……」開始，2/92）

關鋒則只有五段：（看他的《莊子內篇譯解和批判》，北京中華書局，1961 年，pp. 118–147。）

（一）籟 (2/1–9)：「南郭子綦……」

（二）百家皆芒 (2/9–21)：「大知閑閑……」

（三）物論，宇宙論 (2/21–47)：「夫隨其成心而師之……」

（四）知，論皆無謂 (2/47–92)：「今且有言於此……」

（五）影，夢 (2/92–96)：「罔兩問景……」

陳鼓應卻有七節：（看他的《莊子今註今譯》，臺灣商務印書館，1974 年，p. 36。）

（一）三籟及揚棄我執 (2/1–9)：「南郭子綦……」

（二）爭辯失真己 (2/9–21)：「大知閑閑……」

（三）「以明」照出物，論之相對 (2/21–31)：「夫隨……」

（四）道通物為一 (2/31–47)：「以指喻指之非指……」

（五）宇宙與我為一 (2/47–62)：「今且有言……」

（六）三個故事 (2/62–92)：「昔者堯……」

（七）兩個故事 (2/92–96)：「罔兩問景……」

我們可以繼續舉出更多的相似的例子。可是我們已經有足夠的例子在此，使我們知道一般註釋家們給我們的是什麼樣子的大綱。它們可以幫助我們找出本篇所討論的題目，給我們知道這些題目是如何排列的。問題是它們都好像是引得或索引，完全欠缺文脈，那

活潑潑的脈絡。

2.1.2 我們可提出四樣的本篇大綱。它們富有哲理上的意義。它們闡明本篇的志趣及理絡。

(a) 在本篇有三個要素：

(i)成千萬的「物」，互相「物化」及「齊」整。

(ii)辯議的「論」理，顯出相對相關。

(iii)「吾」是識悟的主格，蛻脫其自斷成見。

在此，(i)關涉「齊物」。(ii)及(iii)論及「論」的客觀性及主觀性。本篇以(iii)開始，也以(iii)終結。(ii)及(iii)包攝(i)。

再，(i)是關於無有，(ii)是關於無言，(iii)是關於無知。因此

(b) 本篇可視為互相湊合的三段組織。本篇始於自我的無有，逐漸變成「無言及」物，論。由而引入洞察無知，無知物，也無知己，而這些等於物及論之齊一。說（無言）如此（無知）來闡明物化（無有），等於終結本篇，也總結本篇。

(c) 本篇也可以用「三籟」分為段目：

(i)引論：說明「籟」(2/1–9)

(ii)人籟：芒 (2/9–16)

(iii)地籟：兩行 (2/16–40)

(iv)天籟：葆光 (2/40–62)

(v)人籟：堯之故事 (2/62–64)

(vi)地籟：齧缺子之故事 (2/64–73)

(vii)天籟：瞿鵲子之故事 (2/73–92)

(viii)結論：影，夢 (2/92–96)

(d) 可是也許我們不滿足三籟重複兩次。所以我們另想辦法，把全篇排成一個圈子，有二排，各排五段：

第一排	第二排
第一段：自失 (2/1–9)	自我如影夢 (2/92–96)
第二段：人爭論 (2/9–16)	爭論即夢 (2/73–92)
第三段：物 (2/16–33)	物之所同是 (2/64–73)
第四段：道：兩行 (2/33–40)	道未始有封 (2/55–64)
第五段：未始有 (2/33–47)	未始有始 (2/47–55)

在此我們看第一排從自我進到物元，從我執進到洞察爭論的苦難無謂（第二段），由是而體會萬物的相對（第三段）。從此我們引入了悟成毀、政變、是非，皆為人物所行出來的路徑（第四段），這使我們曉悟萬物的原始、道樞（第五段），這條路是由消極意境漸漸進步上去的。

這進步引我們入於一切的始源（第五段），而諒解道的無限（第四段），我們無知之知即我們逍遙遊的自由（第三段）。我們現在可以享受互相辯論了，因為了悟這些也許都是作夢（第二段）。可是夢並不是消極的境地，因為我們曉悟了我們是醒是夢的不確定性，這種曉悟本身表明我們現在「大覺」了（第一段）。因此原來本篇開始所言的自失，畢竟是個很積極性的事，給我們以真己彷徨於無知之自由。這就是第二排，就是第一排的反轉。

所以一切繫於起初我執之丟失。我執不失，我們永纏乎日常種種的問題，永無法達到（「芒」）物之道樞。我執一失了，第一段便成為人籟（第二段），而這人籟遍滿到地籟（第三段），由是我們聞天籟於事物轉變之中（第四段），以及於中心道樞之中，那「未始有

夫未始有始也者」(2/50)（第五段）。這樣我們在五段中看到（聞到）
三籟之互響，不但在我們與環境的相對應中（第三段），更在與萬物
互為物化中（第四、五段）。由我執之喪失，第一排轉成第二排。

這個互響的理想境（第五段）卻是由凡庸俗物所構成的。第四
段是說明這理想與凡俗混一的接點，擁有「天均」、「葆光」、「天府」
等。第三段完成於一修辭疑問，「吾惡乎知之？」。第二段一面享受
與事物相對應接待，另一面完成諒解這些活動也許完全是場夢。第
一段描寫物化，始於槁木死灰，然後進到蝴蝶夢，永與莊周相遞代。
我們一旦喪失自執，就可以觀化，以及我身。

2.1.3 我們描寫了很多「可能有的大綱」，這種多樣的可能性使
我們看到本篇有兩個可能的釋法。第一釋法以為莊子腦子混淆冥愚，
無法想通。他只在抓住起萌思絲，不知如何發展成為思想的明晰體
系。多樣的大綱表明本篇沒有一定的大綱，本篇沒多大價值。

第二釋法是如此。看到本篇的內容那麼重要豐富，我們覺得本
篇很可能故意造得多方層疊。這篇很可能是個巧妙的藝術品，設計
要反映人生多方的真面貌。意味的多方多層絕非無意味，而是猶如
人生的多層意味。人生意義的曖昧難捉（如摩洛龐地 (M. Merleau-
Ponty) 及迪理克 (P. Tillich) 常提到），不是說人生沒有意義，乃是說
人生有諸方意義互相錯落滲雜。本篇曖昧難解的詞句很可能是用來
反映這種人生的曖昧。如這詮釋是對的，則探查本篇的隱義即等於
探查人生的含義了。

以下試提兩個詮釋——本體論方面的，方法論方面的——依照
本篇兩個方面的含義。若要知道事物的真相，我們就去讀本篇。若
本篇使我們很高興，要知道我們如何去參與本篇描述的事物世界，
我們也想去讀本篇。然後我們就體悟到這兩方面是互相湊合的。它

們湊合後我們看到活生生的人生論理，厄言性的理性。

2.2 本體論方面的詮釋

2.2.1 關於內容：本篇開始有個叫南郭子綦的坐著──不是臥著（精力靜默），也不是站著、走著（精力動蕩），而是坐著，且仰天呼吸。從外面看，他變得好像「槁木死灰」了。

這是一個很有名的句子。它描寫的不是死亡，而是自忘，是向事物開放的純粹經驗狀態──「離形去知，同於大通，此謂坐忘」(6/92)。這狀態能使我們捉蜩子猶如拾取 (19/18)，也可「削木為鐻，……見者驚猶鬼神」(19/55)。這裏是「言休乎知之所不知，至矣。道之所一者」(24/68-69) 的聖人之域，在此境「外不觀乎宇宙，內不知乎太初」(22/64-65)。這原是「瞳焉如新生之犢……形若槁骸，心如死灰」(22/23-24)，也是「兒子動不知所為，行不知所之，身若槁木之枝，而心若死灰」(23/41)。「槁木死灰」就是生命的開始，「若是者，禍亦不至，福亦不來，禍福無有，惡有人災也」(23/42)。

活得如死，如孩，如槁木，南郭子綦描己為「吾喪我」的狀態。唐君毅（《中國哲學原論‧原道篇，卷一》，香港新亞研究所，1973，pp. 353-55）及吳怡（《逍遙遊的莊子》，臺北新天地書局，1973，pp. 84-85）俱說因為所喪失的「我」異於喪失行動的「吾」，「吾」又自描其狀態，所以失己不是死亡，只是使自倡我執的自己的死亡，「成心」的死亡。自失是蛻己，猶如蛇及蝴蝶的脫皮 (2/21, 94-96)。

然後有「三籟」。要注意這三籟是我們靜如死灰之後才描出，才可以聽到的。我們要靜默才可以活生生地聆聽天地的音樂。音樂家嘆賞音樂，茫然自失；我們喪失自我，也就能傍聽天地人三籟的互響了。

　　何謂「籟」？籟是從孔竅發出的各種聲音，這些簫聲發生於兩個「無有」之相遇——孔竅與風吹。「冷風則小和，飄風則大和」(2/7)。無己的聽，我們可聽到三籟——人籟、地籟、天籟。以後，我們看到風吹灰進入孔竅，我們自己參與天地生化的大合唱，互影出，互夢化 (2/92–96)。這種造化稱為「風化」（14/78–80，又看18/40–45）。

　　三籟互相分別互相作用。人籟出於地籟，而與地籟相作用。人地兩籟啟示其根，顯明天籟。這天籟猶如美藝女神 (the Muses) 激惹大自然掀起樂響之存在。人就反應了，每天俗事就發生了，有時竟被感觸而創出音樂出來了。可是這三層的音樂是如何發生的？

　　「大塊」噓出大「風」，這風是大自然的呼吸，呼出生命。「蟲雄鳴於上風，雌應於下風而風化，類自為雌雄，故風化」(14/78–79)。風吹過孔竅，呼出生命的音樂了。

　　很多註釋家隨著郭象說「天」是「萬物之總名」而已。沒有特別另有什麼「天籟」一物。我們不同意。莊書裏有很多「天」什麼，「天」什麼的——「天鈞」、「天府」、「天倪」等，表明「天」之自存。更重要的，如沒有天籟，萬物欠缺其脈絡，其原有原則。怪不得莊書反複地冥想「道」、「葆光」、「未始有夫未始有始者」。

　　可是這樣說並不是說我們可以知道這個原始原則，這始源力，這「天機」到底是什麼。更無法說我們可以把持它、利用它。因為「知」道某事物等於 (a) 有一特定的見解（排除其他看法），(b) 從那個事物乖離，將它客觀化，處理它。可是我們面向原始原則無法有 (a)，(b) 的作用，因為這原則本身是使我們開始 (a)，(b) 作用的原動力。(看拙著 *Chuang Tzu: World Philosopher at Play*, pp. 79–87.)

　　我們本身是人籟，與地籟共鳴，我們是諸多「關係的網羅」。

（這是 M. Merleau-Ponty 所喜愛的句子；參考他的 *The Structure of Behavior* 及 *The Phenomenology of Perception*。）我們在這網裏面可以知道事物，可是無法知道這網本身，更無法知道什麼使事物、我們及人與事物的關係發生。亞里斯多德 (Aristotle) 須用背證法 (reductio ad absurdum) 方能論證論理的第一原則「A 是 A，而不是非 A」。(Aristotle, *Metaphysics*, Book iii, 1005a19–1009a14.) 我們只能觀察我們的論證，觀察它如不豫先假定「A 是 A」，會破壞而無法進行論證。柏拉圖 (Plato) 曾將一切形相的總形相 (Form of forms) 喻為「至善的太陽」(the Sun of Goodness)。太陽本身我們無法直視，我們只能在它映照的環境中感觸到它的光力　(Plato, *The Republic*, Book vi, 508，這比喻之後馬上有那洞穴之喻 (vii, 514–21))。同樣地，我們只能在地籟人籟相互交往之間認出天籟。我們能認悟的只是人物間的互相關係，不是第一原則本身。

要認知這第一原則之不可認知，我們需有哲學上的改心大悟，這是柏拉圖在他的洞穴之喻裏諷示的。莊子會說這種不知之知等於全存在的革命，等於潔除那客觀的，對象化的，又將萬物對象化的自「我」。那開始生命的天機只可感觸，不可當作對象知曉。硬知所不可知就是老農夫所指責的「機心」的表現 (12/56)。這等於想要將自我從事物相關的網羅中乖離；這是「我」的作為（不是「吾」的作為）。「我」與「吾」在本篇有其所異。

除了 2/85 的「若不吾勝」那句以外，在〈齊物論〉裏「吾」與「我」是有其特殊的分別的。幾位注釋家業已注意到這點：

(a) 楊復吉及趙德說：「就己而言則曰吾，因人而言則曰我」。

(b) 朱桂曜說：「蓋猶今文法言主位受位也」。

(c) 黃錦鋐說：「『我』當為形骸，『吾』即為精神，亦即下文的

真君」。(黃錦鋐著,《新譯莊子讀本》,三民書局,民國六十三年,第六十七頁。)

黃氏也許沒注意到這三種釋法怎樣不同:

(a) 是看法、觀點的不同。「我」是可辨認出來的自己,別人也可認出它是主位,是受位的一存在。「吾」卻是施行這辨認行為的主格,它本身並不能被如此辨認出來的。

(b) 是主格受格的分別。

(c) 是個笛卡兒 (Descartes) 般的二元論,精神意念無法客觀化,也無法以感官看得出來,可是可以辨認出來。身體則又可客體化也可看認得來。

我的意思是說 (a) 是對的,(b) 從這裏推論出來。不過我們不能說 (c) 是對的。連「心如死灰」,也可由別人(顏成子游)看得出來的。

通觀「吾」「我」於本篇,我們看到只有三個例子稍有問題,而其中一個才是真正的有問題。

　　(ⅰ)「吾聞諸夫子」(2/73)

　　(ⅱ)「吾子以為奚若?」(2/75)

　　(ⅲ)「若不吾勝」(2/85)

(ⅰ)是關於聽聞重要的消息,「吾」當然是合適的主格。(ⅱ)用「吾」為所有格,這是「吾」字通常的用法。

只有(ⅲ)是問題,辯論發出於兩個可辨認的主格之間(兩「我」之間),因此 「我」 字通用於此處 (2/84–90)。可是只有此句用「吾」,這是不應該的。

郭象版本也許是我們現有的版本中最古的,它有「吾」字,很多版本也用「吾」字。我找到五個版本有「我」字的:林雲銘的《莊

子因》，卷一，臺北廣文書局，一九六八年翻印，二十頁。陸樹芝的
《莊子雪》，卷上，陳簡亭鑑定，儒雅堂藏版，嘉慶四年　（1799
年），三十八頁 (1: 38b) （在多倫多大學的圖書館有）。關鋒的《莊子
內篇譯解和批判》，北京中華書局，一九六一年，一〇五頁。坂井煥
三的《莊子新釋》，上卷，東京弘道館，昭和五年，八十二頁，及西
田長左衛門的《老子》，《莊子》上，東京至誠堂，昭和六年，一四
七頁。坂井氏說他的版本是《四部叢刊》的。

　　從純粹的文學文法觀點，王力說：「『吾』可以用作主語、定語，
但一般不用作賓語。《莊子・齊物論》：『今者吾喪我』，這是一個典
型的例子，不能換成『今者我喪吾』或『今者吾喪吾』。但是這只是
位置的關係；如果在否定句裏，賓語放在動詞的前面，卻又可以用
『吾』字了。例如：『居則曰：不吾知也』（《論語・先進》），『我勝
若，若不吾勝』（《莊子・齊物論》)」。（王力主編，《古代漢語》，第
一冊，北京中華書局，1962 年，352 頁。）

　　總之，在〈齊物論〉裏，真己或本己出現於其喪己的行為中，
而真「吾」出現於心齋中（或可謂吾之齋潔我中）。齋除可客觀客體
化的「耦」我，真吾則在此喪我心齋的行動中返本成真。

　　客體我有強放置性，康德 (Kant) 說我們之得「經驗」，是由於
自我將先天綜合性的形式強放在實在之上，在「物自身」(thing in
itself) 上。知識是種命令要求，制定疑問，向實在要求回答。這是
激起人籟，以人籟的方法方式去聽取地籟。（當然莊子的「我」並不
等於康德的「經驗我」(empirical self)，因為經驗我是先驗我
(transcendental ego)，以其範疇構成的經驗網中的一個對象而已。這
先驗我也未必就是莊子的「吾」，因為先驗我客體化事物，「吾」卻
不如此做。）

　　第一原則是「真宰」,「真君」(2/14–6, 17–8, cf 2/9),是真實存在可是不可知曉,承受「實在」與「不知」兩者,即是安居於萬物動盪中的道樞 (2/30)。這也就是齊均萬物,言以止言,或更可說是言若無言,在黮闇中行動而無所忌憚。我們在黮冥中,因為我們知道第一原則之不可知。我們不怕,因為我們察覺葆光(隱光)在我們與相關的網羅之中。

　　現在可考察事物的相關關係了。這是天地的一大走曲性 (fugue) 的大合唱,是地籟與人籟交替演奏的自然音樂。莊子交替描寫這兩個音樂。

　　可是我們先要看我們心裏的雜亂苦態,理智上的紊亂,情緒上的煩擾。2/9–23 描寫「喪我」的必要。這是消極性的人籟,心情方面的共鳴——怨及悅,得意及懼悚,以及識知方面的鳴響——讒諂及了解。人人有時失望,有時驕傲,有時為別人,有時為自己,完全不知這些都是天籟地籟的空洞反響而已,是「芒」而無謂的現象。

　　這些吼響原是無謂的,直到它們使我們察悟天地共鳴的錯落。人籟應該振興天地的大合唱,不應該以成心及小成殘摧我們人生,自斷自逞,使萬物無法互助互榮。天地之道形成一「環」一直攪出互化的小渦,無限的彼與此,是與非,可與不可。這些彼此、是非、可不可,都是互依而生的。我們的自斷自逞使我們盲目,無法看到這天地大環,我們只能看到我們敵人,與他們對抗。我們不知道(也不願意知道)我們的處世形勢,從敵方看來才有意思(否則為什麼做如是如彼呢?),因此我們與敵方互依為命。我們的盲目使我們的互依轉成互壞的悲局。

　　我們怎麼知道這是我們日常生活的實態呢?我們再看南郭氏,坐著、依著他的桌子。這桌子其實是他所持有的,卻也是支持他的,

他依靠它「喪我」卻沒有失己、棄己、逞己。

在這種情形裏我們才能察覺天地間的相籟相響。只有乾枯的木頭才能發生聲音於死灰的沉默中。音響就從這裏發生——空虛的無價值的東西被不可視捉的風吹而發生聲音。聲音是不可視，不可觸，可是與接受的聽者共鳴。共鳴本身可以自立嗎？

風也是從「大塊」發生的震鳴。有個孩曾自言自語地說：「如那些樹枝不那麼搖動就多好呀！如果它們不動，我們就可以沒風了。」這句話真是有意思！風就是樹枝的搖動，可是我們又覺得風有其自己的獨自獨立的存在。所以我們也可以說風吹搖樹枝，甚至吹折它們。其實風既不是獨立的存在又不是無有。

當枯槁的樹枝碰到風的時候，我們聽見聲音。槁木、風吹、聲音，這三者皆有一個特質——它們既不是獨立的存在，又不是無有。

風吹是震動，本身是無有的，是某東西的震動。當然那個東西本身也不是震動，可是我們真地可以說一個東西不是它本身的震動嗎？除了它的特殊的震動以外有什麼東西是「它」呢？

可是，話又說回來，如果沒有震動東西的吹風，一個東西能夠有它特殊的震動嗎？它靜悄悄地隱藏著，猶如一個洞穴，一個無有，直到它震動了，或更可說直到它與共鳴的風吹共鳴震動。這樣說來，我們就知道一個東西風吹而震動時成為它自己，把它本身震動出來。美紐音 (Menuhin) 說了：「每個物件已被（物靈）居住著，如我們不聽它，我們無法跟它接觸，每個東西都有其奇特的震動，……日本的風鈴鳴響……吊在門口，微風一吹，響出美音」。(Yehudi Menuhin & Curtis W. Davis, *The Music of Man*, NY: Methuen, 1979, pp. 24–25.)

同樣地，風吹開始各樣東西的各種特殊的震動。可是風本身沒

有什麼特殊的存在，因為風只是某一東西的共鳴而已。因此風是本身，又不是本身獨存。這樣，在「風」的情景裏，主動與被動，主格及受格，存在與無有，互相交錯，互相賜予意味。

如果「風」是天地震動的大力，則每個「存在震動」等於在那特殊存在的情態顯示全宇宙。這鳴響既是等於那個東西，又是等於全世界通過那東西震動而出（比較 24/42–45）。莊子問道：「夫吹萬不同，而使其自己也，咸其自取，怒者其誰邪」(2/9)。然後他自己回答：「吾又奏之以無意之聲，調之以自然之命。故若混逐叢生，林樂而無形」(14/24–25)。

我們不能只說「風」、「共鳴」、「震動」，好像三者分別無相關。因為共鳴震動就是聲音，這聲音有一定構造的相關關係在聲音、風、及每物件的特殊性質之間。莊子用「籟」一字來描寫這情況。諸籟形成音樂，而音樂是聲音的有組織的一團，有構造性的無有，而這無有並不是沒有。諸籟又有三層，每層與其他兩層有密切的關係，我們看到一層就看到其他兩層了。宇宙天地就是這種又個人又宇宙性的生命相籟的相關，察覺而活於其中就有悅樂，自逞自暴地破壞它就有紊亂及苦難。

這破壞在人籟裏發生，自斷自主自逞而破壞宇宙的大合唱，轉成暴行的噪音。可是在這種人生的苦「音」苦「樂」裏，我們尚可察悟音樂構造的示意，因為連在痛苦的人噪中也有律調。莊子暗示這律調於他描寫人生痛苦的韻文裏 (2/9–23)。可悲的是在這裏我們不知其因其果，我們的苦難是這麼「芒」昧無謂 (2/20–21)。

這都是因為我們在日常飛逝的瑣事中擅自「成心」，以為它們永屬我們的。完全沒想到人籟原是非己非無，屬於三籟層次之中。我們不顧真相，只成心於幻想，「以無有為有」(2/22)。

　　難怪我們苦悶於成心小成之中，這些小成遮「隱」天地的音樂，宇宙的大道。孔墨之徒喋言於是非，正是顯明這種小氣的小成。

　　可是正如那些詭辯家輕佻地說過，事物同時互生，是非、可否，互相依存。他們的輕佻激醒我們跳出孔墨錯誤的認真。

　　同時，詭辯家們停頓於他們的輕佻裏。聖人不由此徑而「照之於天」，隨從實在，「因是」(2/29)，而這就是寓於「道樞」，「得其環中，以應無窮」(2/31)；是非永遠相生，互成一環，循環不止。「明」在其中心，居於此即自由無阻，如果說詭辯家輕佻地用「指」來論證「指」(旨)之非指(其反旨)，居於環中的聖人可以遊戲地反證，用「非指」來證明指之非指。同樣地也可以證明「馬」與「非馬」。畢竟說來，天下萬物只是一指、一馬。這是在天地中心所獲得的「明」晰。

　　自己空成槁木死灰來察覺定見定情的無謂，共鳴於風吹之中，這種共鳴共映有二種。第一，萬物之「有無」「一多」相生。第二，我們的論識，相肯相否，也是互依。察覺這相因相依，而生活其中，即是齊物又齊論了。

　　第一種的共鳴，關涉萬物存在之大道；第二種說到我們的知識。萬物生滅、成毀、一多，皆源自天府，這天府的道樞向雙方開閉，隨順這道樞處世就是兩行「朝三暮四」之習。安身於這天府就是居住於無限的天倪、無境。

　　在這境地萬物「未始有夫未始有始」。寓於這裏就是緣著因是曼衍而行，隨著事物之各是，各變而活。一旦豁然明徹保存萬物淡淡的葆光，我們已可任性乘雲，騎日月，遊於四海之外了。

　　這樣的處身行世，就是齊和物，論，而明悟一切事物皆「無物不然，無物不可」(2/34)。

　　「以」如此的「明」悟，我們現在知曉以下兩證法俱為善妥：
⑴用「非指」，即所指出者，來辯喻指之非指，及⑵用「指」，即指
示行為本身，來辯喻指之非指。畢竟說來，「天地一指也，萬物一馬
也」(2/30–33)。

　　如果你要抗議，說這不是論證，只是胡鬧喧爭，那麼莊子必會
微笑說他只是以詭辯家之詭道還治其人之身而已。同樣地，他也用
「天地與我並生，而萬物與我為一」(2/52) 來總括孟子 (7A1, 4) 及
惠施 (33/69–78) 的意思。莊子很欽仰他們將萬物以一普遍觀念
(universal) 統一，可是莊子接著就很嚴肅地將這「一」轉成「三」
了——所言及者，其意思，及言辭本身。你看莊子多調皮，多快樂
地遊戲於論證與假論證之中！

　　莊子之與詭辯家理論家戲諧，產生了新的存在論上的真理。論
證指之非指，即喻示「道昭」示了，就「不道」了。如「大道」是
「不稱」顯己的 (2/59)，則真己是不自覺自知的。如「道可道，非
常道」，「大道不稱」(2/59)，則我們可說「吾可吾，非常吾」，「大吾
不稱」。西洋哲學家動不動的就有純理性自判，話談的批判，所謂高
一層的檢驗 (meta-level critiques)，這都是專注自我或自體的形而上
學熟慮，這「注我慮思」導致自以為是的宇宙觀念論。但如大道只
可存為「不道之道」(2/61)，則真吾只顯於喪我之中，而在這無我之
境地天地真相才能曉知。

　　因此自我要成為「槁木死灰」似地，才能曉悟宇宙。這宇宙無
非就是從「大塊」的呼噓而發生的互籟，這呼噓就是生命的風息
(《說文解字》說「風」即生命的「氣息」)。「道」出來的道非常道，
「我」出來的自己非真吾。同樣地，「物」出來的物，就是說視為獨
立永存的事物（這是尼采所恨惡的），成為我們痛苦的根源。這是

「獨存」的幻想怪像所捏造出來的痛苦。因為事物之存，只在於其互纏。

這種物道是「不道之道」，這種辨識是說不出來的，是「不言之辨（或：辯）」，因為知道這種根本道理的知是不知之知。為什麼呢？因為在這裏的「知」等於參與生命變遷，與之反映共鳴，這叫做「化聲」，叫做「相待若其不相待」(2/91)，叫做「物化」（〈齊物論〉的結句）。莊子有兩個故事描寫這種不知之知——影子，蝴蝶夢。

這兩個故事結束全篇，是莊子最尖銳而最富有餘韻寓意的兩個故事。怪不得在中國文學裏莊子每被稱為「夢蝶主人」。可惜的是人人忘了這蝴蝶夢故事之前又有個很燦然的影子故事。人們忘了它，也許因為它較不易理解。我們可以先看影子故事，然後看蝴蝶夢，然後連結兩者。

「罔兩」是「似影而非影」的「影外微陰」（郭象）。這罔兩質問影子，說：「剛才你在走，現在你停止不動。剛才你坐著，現在你又站起來。你怎麼這麼沒有獨立志操呢？」(2/93) 我們看這情況比〈逍遙遊〉裏的小鳥譏笑大鳥還更荒謬無稽。因為這罔兩的存在依繫於影子的。依存影子的，怎敢向影子盤詰獨立呢？

可是我們反過來想。影子之存在原來是由其輪廓畫定的，而其輪廓就是罔兩。罔兩規定影子之存在；同樣地，影子也呈出其物，使那物顯有具體的深度。相似地，蛇有皮，蜩子有其翼，蛇蜩各依其皮翼生存。如此，生死、是非、相待而相生。

而且我們的思「想」這些也像罔兩，這罔兩又規定影子又依存影子。思想依存於生命存在，也規定而讓生命存在顯出。思想是個沙特 (Sartre) 的所謂有意識的「無有」，這「無有」卻甚有大力，從「本有」 (the In-itself) 的黏泥 (slime) 中刻出萬物。（看 Jean-Paul

Sartre, *Being and Nothingness*, NY: Philosophical Library, 1956，尤其看其 "nihilation" 一概念。）多滋 (Todes) 說「我們的心思投影於真理，成為真理的影子，由是將真理投影出來……我們的心思是經驗的樹影。」（看 Samuel Todes & Charles Daniels, "Beyond the Doubt of a Shadow, with an Addendum by Samuel Todes, 'Shadow in Knowledge: Plato's Misunderstanding of Shadow, and of Knowledge as Shadow-Free'," in Don Ihde & Richard M. Zaner, eds., *Dialogues in Phenomenology*, The Hague: Martinus Nijhoff, 1975, pp. 86–113, esp, p. 113.）

　　這種相依相生到本篇終了的蝴蝶夢的故事時就徹底化了。有四點特別引起我們的注意：

　　⑴莊子要我們考慮「夢」；夢是庸常的經驗，在日常瑣事裏卻擁有新鮮的真理。

　　⑵醒來了，莊子覺悟他一直夢到那時刻；他現在「知道」他是莊周，不是蝴蝶。

　　可是，他清醒了之後，在此醒悟的狀態中，他得了「不確知」，現在他反而「不知道」他是已作夢過的莊周，還是在作夢中的蝴蝶；況且他知道他無法解消這個不確知的情形。

　　⑶在此有四組的相對相異的情形：(a) 作夢與清醒，(b) 蝴蝶與莊周，(c) 在夢中的蝴蝶與已夢過的莊周，(d) 知曉與無知。

　　⑷這相異的情形互為相混相纏。第一，它們的的確確地互相差別相「異」的；清醒不是作夢，蝴蝶不是莊周。這差別無論那一個醒著或夢著，都是確實存在的。

　　第二，這些差別卻相互「混纏」。莊周在作夢中單純地確知他是蝴蝶。可是他一清醒，他是應該知曉一切情況了，現在卻反而不確

知他到底是人還是蟲子。因此，我們需要醒過來，需知曉事況，之後方可達到不確知的境界，不知在那四組相異的情形中 (a, b, c, d) 我們屬乎那一情形。「知」即醒悟事物之相纏，「物化」。

　　兩個差別是重要的：(a) 作夢與清醒，(b) 蝴蝶與莊周。(b) 的差別開動相互的關涉。(a) 的差別使它們相纏，清醒不但不使我們脫出不確知，反而使我們更深一層地陷入其中。清醒是不知之知，一直懷疑我們也許還在夢中。經過「大覺」(2/82) 後，我們才能說：「予謂女夢，亦夢也」(2/83)。

　　本篇有雙重的結論：「周與蝴蝶則必有分矣，此之謂物化」(2/96)。這裏的兩點——「有分」與「物化」——俱為真實，且相依相生，由是可見勒氏 (Legge) 在此段的評語是完全錯了。他說：「在此，道家思想與佛教思想無分，都以為一切人類的經驗都是空幻 (Maya)」。（看 James Legge, *The Texts of Taoism: The Tao Te Ching of Lao Tzŭ, The Writings of Chuang Tzŭ*, NY: Dover Publications, Inc., 1962 (reprint), Vol. 1, p. 197.）莊子才是不以為一切皆幻，他以為萬物是「有分」而「物化」的。我們要清醒過來才能知道萬物之有分與相化，而且不確知我們在那一情況：夢或醒，人或蟲。如果在夢中，我們只單純地確信自己是某某（「蝴蝶」），而且沒有物間的區別，由是毀壞物間的相互關係。其實分別及相化——這兩者本身又互有差別，相互物化！

　　2.2.2 從以上兩個故事（影、夢）可看出三個含義如下：

　　(1)聲響每每比原聲及谷默更宏亮高聲，可是比它們響得空洞。罔兩（影外微陰）每每比影子更顯著，可是比影子更短暫無常。聲響及罔兩惹目，引人注意，不過不是要人注意它們本身，乃是要廣告另外別事。

　　這就是實況的構造：惹目的在告示隱藏的。李堅特 (B. Gentry Lee) 是「調查土星及更遙遠的天體的加利利事業 (Galilee Project) 裏面的工程操作的總理事」。唉，這是多喧噪的雜聲。他主張他管理差不多二百個科學家，他的口舌可使聽眾屏息，長達兩個小時，可是他自己不從事星球調查。他就是那個聞名的聲響罔兩，科學家們是影子，星球本身則完全沉默，藏於天府天涯，宏潤的天空裏。這是萬物自齊的情境，靜靜地互相襯托，而我們之思考這些，是個「論」，是影外之影，響外之響，襯托出這些。

　　⑵莊子夢見他是個蝴蝶，清醒過來，反而不確知他真是誰，是什麼。我們在世，都好像扮演各種角色——這是沙特 (Sartre) 及沙士比亞 (Shakespeare) 常說的。這兩個作家都以為扮演有表裏不一的不誠實，莊子卻以為這是人生變化的遊戲樂趣。

　　沙特在他大著《存在與無有》 (Jean-Paul Sartre, *Being and Nothingness*) 一開卷就諷刺描寫咖啡店裏一女人之對待她的情侶，以及在那裏的侍者的行為。沙特說我們都好像他們，在「自我」裏面都有存在本身的雙重性，表裏不一的割裂。我們永是「對己」(For-Itself)，永不與自己和合、合一。沙士比亞 (Shakespeare) 的戲劇表現我們人生只是個戲臺，在那臺上妄演「愚人癡劇，噪音喧騷，完全無義」。唉！這是多悲傷的事！

　　「但，為什麼要悲傷呢 !?」莊子會反問。我們知道世上有實在，有幻想，而且兩者相分相反，這是世情。我們不確實知道我們本身現在屬乎實有還是幻想，永遠在這兩者中間來回彷徨著。這是「自指的不一致」在自己纏入自己，而且戲耍地演出來於日常生活中 (self-referential inconsistency self-involved, playfulness played out)。

　　沙特與沙士比亞覺得悲哀，因為他們太認真了。他們的悲哀源自他們嚮往渴望柏拉圖式的絕對的不變的真實真理，那真正唯一的自我，那實情與理想不可能的結合，那「對己在己」(the In-and-For-Itself)。在此我們不可容許的就是柏拉圖式的不變性，不願動的幽靈。一旦我們釋手放牠走牠的路，讓我們走我們的路，我們就可以清醒地彷徨於不確知不確定的變化中，享樂這種人生。

　　⑶一切所有的「決定性的」論證其實都是沒有意思的。如果論證者（那主格本身）之存否，就已經是不能確定的，所論證的對象怎能有什麼決定性呢？

　　因此莊子就玩弄戲耍論證了。他描述自我的擾攪，說及學說們說到的事物，又說及這些「說及」本身，然後又回來說及這些事物。他動「用」諸學說的術語，常扭轉其本意，甚至將這些術語有時組合起來，顯示其意不明，可是響得很深奧。他用這種深奧響聲，其實莫名其妙的響聲，來激惹讀者，使讀者了悟這些學說如何謬誤，事物如何地複雜。莊子將學說轉成打油詩文，使它們的滑稽逗笑讀者，使讀者由是而再次仔細看事物真相。

　　莊子反對獨斷確言，它們底下所含有的「主格永存」的斷說，以及一般斷言的樣式。「主格永存」的臆斷莊子用三個故事來攻擊。第一個故事談及喪我，是在本篇的開始；其他兩個故事是關於影及夢，位於本篇末了。論理論證方面的獨斷，卻全篇整篇都在攻擊。他在諸學說中蹦跳玩耍，轉扭重要的名言，發明邏輯上的荒謬滑稽。他查驗事物之永存性，「我的」見解的絕對妥當性，以及靜止不動的邏輯本身。這些話語形成我國的純粹理性（及理「論」）批判，且帶著眨眼歡戲。

　　本篇終末說及如何不可能以論證達到真理。論證要假定兩個相

反的主張。沒有一個人（甚至在論爭勝利後）能知道他是對的。第三者也無法斷定。因為第三者不是同意就是不同意其中的一個見解，因此他不高於兩者中任何一個。或者這第三者也許兩個都不同意。這樣一來，他就在兩個見解的圈外，而致無法斷定了。

　　這樣一說，莊子似很危險地相似詭辯家們。莊子也許與他們辯論著。莊子有否他自己的見解？莊子豈不在提出沒有立場的「立場」，提出一個「真理」說我們無法達到任何真理，這豈不是自相矛盾的說法？可是這印象是不對的，因為莊子將他論駁一切論證上冠以「予謂女夢，亦夢也」(2/83)。

　　說「我在作夢著」是個矛盾，是存在上的矛盾。因為要「說」任何事，那說者不能作夢。可是也許莊子好像蘇格拉底，在說他知道他的不知道。可是莊子又與蘇格拉底不同。蘇氏所說的是個啟發式的教育法，激惹聽眾達到自知，以及悟曉「說……」到底是什麼意思（仔細味讀《辯白演講》(*The Apology*) 都可以知道）。莊子卻一直留在他「自知不確知」的見解，由這「夢知」他抽出兩個結論：(a) 主格纏入萬物相化之中，(b) 所謂的「存在」居住於這種互別互依的境地之中。

　　這雙重真理導入逍遙遊的悅樂，很天真地描寫於〈逍遙遊〉中。這篇開始就有大鵬從一天池飛翔到另一天池，終了就有大犛牛悠然地反芻於無用的大樹之下。〈齊物論〉開始於槁死似的活命靜息，在其中悟聞天地人三籟之織成萬花筒式的遁走曲，終於纏入物化不息之中。第一篇充滿著故事的戲耍，第二篇一直戲耍論議，與萬物互化。這種逍遙戲耍是喪我之後方可達成的。

2.3 方法論上的詮釋

　　以上嘮嘮叨叨地說了那麼多，到底我們得了什麼我們曾不知道的新真理？其實沒有。〈齊物論〉的主題不是新的消息，乃是關於「如何」地成為真己。好了，用這新的方法論上的線索，我們可以重新開始探入本篇了。

　　本篇有的是簡明的論題、話題，但其主旨曖昧不明。可是，雖然濛昧不清，本篇卻甚迷人，且不知怎的很是滋補助長讀者。可是濛昧不清的怎能簡明、迷人、滋補呢？

　　本篇使我們連想到媽媽可斯 (Mama Cass) 的 1969 年的小調：「作你自己的曲子吧」("Make your own kind of music")。這一行小樂句有三個特色：第一，它是多簡單，四歲的嬰孩已可誦唱。第二，它有話跟我們說，它要我們作我們自己的曲子，甚至它本身是個曲子，稍有韻，可以唱出。可是，第三，它不是一般的音樂，不是「閃閃小星」那種的歌曲。它是在**招待**我們作曲。它本身還未成曲，它是未成曲的曲子。

　　莊子的第二篇（〈齊物論〉）也是如此。它也是很簡明，沒有什麼深奧的真理。它也在跟我說些話，卻也是沒有說什麼。它也是有構造的，稍微押韻的，卻也是濛昧不清，讀者也要自己努力去新開拓，創自己新義，開新天地。

　　本篇適切地以三籟開始。「音樂」以無有之力、風，從竅穴吹出來。這音樂源自「無」有的東西之相碰共響。地籟是萬「物」自然間的共鳴。人籟是關於這種事物的論議，是與物間共鳴的共鳴，叫「論」。天籟開始這些，「齊」全這些，「未始有夫未始有始」這些。這是天地的宇宙樂曲，三層的多音遁走曲，在無有萬物中以無有之力，風，共響而發生。

　　共響共鳴需有兩個東西才可發生。萬物之生，源自其互相作用。

有無、生死、成毀等是相對相依相生的。而我們人間思惟論議與它們相依而生。

在人間議論裏，任何一個立場及見解可有對稱的相反的立場及見解。名言可以扭轉，甚至可以扭反。〈齊物論〉的中段很長，充滿著這種相反的對稱點，名言及其反言，甚至偽名言，即其做造句。莊子引用一名言，之後又以其反言去配稱它。莊子也論議、錯議、假議，即模倣有名的論議。他詩化了這一切，也假詩化它們，以諷刺、逆理、笑話，來冒充名言。

從惠施關於指與非指，馬與非馬的爭論，莊子造出有積極性的一個要題。莊子的要題，「萬物與我為一」(2/52–53)，又是好像從孟子 7A4 模倣造來的。之後莊子又馬上攻擊這句話，說他可以由這「一」抽出「三」。

這相駁僵局沒人能解決。第三者無法幫助，他不是贊成我倆中的一個，就是不贊成我倆。如贊成，他怎能斷定那一個是對？如不贊成，他怎能判定？

任何論點都喚起其反點，任何一件事都掀起其反事。了解了這個定律，我們就不會想要判斷那一個是對的了，因為這判斷的主格不但不是永恆的，不但不是無謬的，他甚至也許在作夢呢，在變化中呢；「予謂女夢，亦夢也」。當然這不是說人生只不過是一場幻夢而已。因為翅膀屬乎蟬子，蟬子卻也需依靠其翅膀去飛躍生存。你成為我的影子來將我襯托出來，我也成為你的影子，將你襯托出來。而我倆成為影子，將我們的源頭襯托出來，這「源」就是我們生命的大道，是生命的未始有夫未始有始。它將我們襯托出來，它本身卻永留存為影子隨著一切事物。

我們也不能確言說我們必定在作夢中。這樣一說，就等於否認

我們在作夢了。夢中語是不可確信的。如我們確信宣言我們在作夢，我們必不在作夢。我們只能確切地說如「予謂女夢，亦夢也」。你如說一切等於「一」，我說從一可得三，如你說世上有很多見解，我說這些都是影、夢，而且我說的這些話，也屬乎夢境。

了解這些，即是順隨這些，順隨這一切即「齊」全事「物」與思「論」，依你我各自的作風。這種非立場的「立場」（「道樞」）即是「天」——天鈞、天倪、天府、天籟。置身於此，即可兩行——行物道，也行思道。

我們現可談及天籟了。天籟直接聽不到，只能在日常處事思惟中間接地感觸到。所以自我在本篇開始就處理了，使我們主觀成見死滅，成為槁木死灰。主客的相敵對一消失，「吾」則可洩聞天地萬竅吹出知識及言論。它們都是齊等的，齊整成為人籟、地籟、天籟。

我們現在可以一起「作我們自己的曲子」了。旋律是來自庸俗的木、灰、猿、影、夢。這旋律永是在製造中，永是非成曲的調子，永是未始有始。莊子曾作出他自己的未全曲，使我們作我們自己的未成曲。莊子說了很多話，而很多是簡明、厲害、好笑、美麗的話。他所說的總結一句可說是——「作你自己的曲子吧。」我們每人各作自己的曲子，自己的籟樂，它是屬乎作曲者的，也不是屬乎他的。這籟曲是我們的，同時也要混合雜入多音的地籟。而且這些都是生籟、天籟，我們要活在其中。總之，我們要作我們自己的生命曲。

我們可看到莊子完全與孔墨的道德論理主義迥異，也與斯多亞(Stoicism)的機械單子論不同，更與佛教的超世，惠施公孫龍的詭辯不一樣。把莊子與詭辯派同視為一派是種誘惑，像我們屢欲看蘇格拉底為詭辯家一樣地誘惑。中國註釋家屢欲以佛教眼光詮釋莊子，西洋學者則屢視莊子為東方的斯多亞主義者，這些都是錯誤的。

3.1 厄言理性，人生邏輯

　　〈齊物論〉是哲理思惟的哲理性打油詩文。本篇是論理轉返自
己，理性批判之歡鬧化。可是這個打油詩文本身是富有哲理性的，
因此我們要看莊子諧詼的方法，莊子之如何去「齊物」即是莊子的
獨有「論」法，而這論法可起綽號稱為「厄言理性」或「人生邏
輯」。

　　3.1.1 注重理性的人常擁戴解析、明晰；每一句要清楚，每一步
驟由一句到次一句要有分析性的正當、明顯。每一句要清楚易解，
可以明明白白地論證徹底。從這觀點看，形而上學的，預言前兆性
的，或詩韻抒情性的文章都只是富有靈感而沒有意義的文章。如蘇
格拉底批評預言的詩人說，他們也許說出很富靈感的話語，可是他
們自己連一句都不懂他們自己所說的（看蘇氏的《辯白書》(*The
Apology of Socrates*)）。

　　我們可以改編季諾 (Zeno) 而造出回答上舉的反對論。從每一命
題進到另一命題的步驟中間，我們常可再插進另一命題來說明這步
驟。從命題 a 進到命題 b 之間，我們可插進中間命題 c 以更「明白」
地說明這過渡。我們現有 a–c–b 了。可是在 a 與 c 的兩命題中間，
我們當然可以再插進另一命題 d 使 a 與 c 的過渡更加明白。諸如此
類，以此類推，直到無窮盡。這樣一來，我們永遠不能推理一步。
解析明晰就將邏輯之推進擋住僵化了。盲目奉信分析明白性，如任
何迷信一樣，殺害論理。「要求說明」會遲早停止。在這停止點，如
要進行論證，我們要有邏輯上的跳躍。（cf. H. D. Lewis, ed., *Clarity
Is Not Enough*, London: George Allen & Unwin, 1963. 並看 A. C.
Ewing 的諸作。）從這裏，我們可看出三點：

(a) 這情況至少有四個結果：

㈠我們如太嫌好嫌歹，挑三揀四把論理嚴格化，則我們連論證也無法開始。我們陷入於不可脫足的論理性的流沙沼地。

㈡我們隨時可加上新的論理上的一步（「新的證據」）而引入新方向以至於新結論，甚至與原來意向的相反的結論。

㈢因為論理上的每步驟都是跳躍，我們可說論理性的嚴密性，到底如何嚴密才算是足夠的嚴密，畢竟要倚賴提出那套論證的人及聽那套論證的人的看法。原來固有的邏輯上的必然性不是不可達成的理想就是不可置信的神話。必然性與可置信性就成為同意語了，只存於觀者之眼中而已。

㈣我們甚至可說邏輯步驟愈少，論理上的跳躍及洞察力就愈需要，來了解論者。因此少步驟而擁有驚人的結論的論證表明提出者有成熟的理性。這樣一說，蘇格拉底不能全盤地批責靈感發言了，我們可以去深思尼采的警句了。（當然這不是說每個警句只因為它的不合邏輯，都是深刻的。這只是說出消極性的一點，說缺乏足夠的論理上的步驟（任你定義怎樣才算「足夠」）不一定就表明缺乏真理。相反地，這種缺乏也許表明真理太富太深無法以邏輯步驟說明詳盡。）請看季諾，他開始邏輯地進步，終於連邏輯進行也否認了。這是怎說的？

(b) 季諾 (Zeno) 說，要走一半路程以前我們要開始走一半的一半，即四分之一路程；可是要走這四分之一路程，我們要先走其一半，即八分之一路程；可是八分之一以前，我們要先走其一半，即十六分之一路程，諸如此類。我們現無法開始進行，而這樣一來，邏輯也無法開始了。

(c) 可是，亞里斯多德 (Aristotle) 說，「說」什麼就等於固定那

個「什麼」為「什麼」。邏輯是要「說」什麼的系統，因此邏輯是固定事物了解的行為。

到現在人類發明了兩個方法要用邏輯來指向動作。第一法是從很多不同的境界抽出很多不同的命題（或故事），並置它們織成湊合混雜畫片，由是指向動作。另一方法就是說出明明是謬誤的命題（或故事），而操作說話的文脈（故意變更文章脈絡）來激發大笑——「當然這是荒誕無理的了。可是這是多深刻的荒誕哩！」，聽者說。

第一路是矛盾言語之路，第二是反語諷語之道。莊子兩路都用，如我們問他混合文章及文脈操作的原則，他會微笑而指向日常生活瑣事。我們應該依照日常生活排列我們的話語，使我們的話語能反映日常實地的生活。可是日常生活錯雜，無理可尋，因此這原則等於非原則的原則！

3.1.2 尼采曾說：「諸山間最短的距離是從山頂到另一山頂，可是我們要有長腳方可勝任。格言警句是山頂，要領受這些的應該要身材高大方可堪受。」 (R. J. Hollingdale, tr., *Nietzsche: Thus Spoke Zarathustra*, Baltimore, MD: Penguin Books, 1961, p. 67.) 我們需長腳方可從一山頂直步到另一山頂。長腳即論理洞察力去領會山頂間的關聯，以及山頂及山谷的關係。當然不是每個關聯都是正當的或深奧的。有的是無意義，有的只是隨便的，有的卻是必然的。有的又看似恣意不合理，可是有力醫心。分別這些是那些少數「極佳讀者」（尼采的話）的任務，他們有長腳可彷徨，可細心吟味揀選。

這任務需要以邏輯為手段，不是作為引導。如以邏輯為領導，我們必至季諾的僵局，以致否認動作。邏輯只可用為器具、手段，來整理我們所拾取的諸點。

有人或趨極端，說一切邏輯要踢開方可得超邏輯的意旨。但連

踢開也需有理由，而這理由應可邏輯地表明出來。當然洞察領悟點愈高深，邏輯性的跳躍要愈宏遠，方可表明了解那點。邏輯學家也許需要放棄邏輯說明來從一點跳到另一點。可是甚至在這裏我們也需要長腳來說明從世俗的這裏建造邏輯諸步到神奧的那裏是如何地不可能。勤勉不倦的體察領悟是絕不可或缺的條件。我們絕不可以將神秘的高峰壓平成為平坦的常識曠野。

我們「看動作」時不棄絕眼睛，我們使用眼睛及其他感官來感觸或推理動作或運動。同樣地，要了解生命生活的動力動態，我們不棄絕視性的靜態的邏輯，反而用它來造出矛盾語言的旋律，故事的湊合雜畫，自纏的首尾一致及不一致。

莊子說我們捕魚後棄絕魚網 (26/48)。要捉「活理」，我們的網尚是由普通的邏輯線索織成。我們捉到了活旨，就棄絕那網——「至言去言」(22/84)。所以莊子不浪費時間贅談他的談話，至多他的門徒提出的是言默兩者的關係 (25/80–82)。他們也提到三言 (27/1–)，這就是次段的題目。

3.2 三種說法

3.2.1 詭辯家玩弄普通的概念思想，扭造成為奇異的說法。可是一驗查，它們如不是錯誤，或陳腐常理及錯誤的混合，就是陳腐常理。讀者被激發了卻不得什麼洞察，詭辯家只炫耀理性而已。

蘇格拉底及莊子都運用詭辯家的激發法來招致聽眾探索實理。莊子用「巵言」，一直傾向人生，它是故事及具體的言語，適切實際。它是適時之言。它是「寓言」，帶著很多情況含意。這些話語也很重，重以權威，又重疊於很多逆理的韻律，它也是「重言」。這三言——巵言、寓言、重言，是〈寓言篇〉開始的時候提出的。

　　三言描寫莊子如何用句子，他向讀者談話於讀者自己的情況中（卮言），以權威及逆理來引他們的注意（重言），使他們探入徘徊於其中的含意（寓言）。

　　而且這些情況含意太活太深了，無法用靜息的邏輯表達。這些含意包藏於實在的深竅裏，只可用吃吃結巴語辭（逆理性句）或沉默（以言語為其反響）捉捕。這些言語反響出它們沒有說出的，遠遠指向不可言喻的具體意味。聽眾得此意後，就領悟這些反響本身也是實在的一部分，這實在包蘊達它的掙扎。否則實在不是真的實在。莊書即實在的自己表現，這表現顯明於讀者要捉捕它的努力，或更正確的可說顯明於捉捕讀者，使讀者成其中之一部分。

　　莊子的三言敘描莊子活活的論理如何地操作：

　　(a) 自纏的首尾一貫 (self-involved consistency)：存在含意及情況的纏路（如在真人自忘的純凝）。

　　(b) 自纏的首尾不一貫 (self-involved inconsistency)：反語、諷刺（如夢、無為、無知，互依而方生方死）。以上兩個操作描寫「寓言」。

　　(c) 將論證、故事、名言等對照重疊併貼成為一種蒙太奇性 (montage) 的混合畫，鬆雜的意味，而可有種種的詮釋。這是莊子的「重言」。

　　(d) 上述的諸操作產生萬花筒式的效果，讀者可得無限止的意味，依照讀者如何傾向其情況，猶如傾注卮器。這就是莊子的「卮言」了。

　　這些操作表明一種特殊的邏輯、輪具、「論」理、比喻，可以將我們帶領到實在的生活裏，激起我們參與，喚起我們的反響，結結巴巴地表現事實。我們成為「物化」的一部分了。思想這道、這邏

輯、這語論，就是思想（「論」）萬「物」如何自「齊」了。

3.2.2 可笑滑稽來自互不一致的因素的並置，如大鼻子配小帽，小褲子配大靴，等。因為人生是互不一致的因素的並置，了悟人生的大道即是滑稽之道。

如有多種價值，互不相容，各卻一樣地同時緊迫我們，人生悲劇就由是而生。詼諧的人生態度卻超越悲劇局面。也許人生的論理就是詼諧喜劇的邏輯，包含逆理的邏輯，諷刺反語的邏輯，及人生互纏的邏輯。逆理的邏輯是被實在衝碎的論理，以破碎的大小來測量實在衝擊的大小，如在重疊含義的「重言」。諷刺反語的邏輯是互不相容的因素並置的論理，由是互相反映啟發，如在含蓄的「寓言」。人生互纏的邏輯是合時適切的因素共生共棲之論理，如在「卮言」。依這三個論理莊子將意念及論議互湊拼集成為混合畫的比喻書、喜劇書。

比喻是由範疇混雜，種類混合，部屬交叉而形成。這種混合是範疇上的錯誤（category mistake, Gilbert Ryle 的術語），是有危險性的。可是用得巧妙，則可藉以激發我們解脫傳統舊習成見，使我們以新鮮的眼光看事物。這種懸解（即由舊習解開）不必像柏拉圖《理想國》裏的洞穴裏的囚犯的解放那麼痛苦 (Plato's The *Republic*, BK 7, 514a ff)，反而如在莊書裏的神人那麼快怡。在此，喜劇、比喻，及人生互相關聯，互相滲合而形成逍遙遊的自由。

人生永遠是在動態，一直吐故納新，日日新又日新，完全不固定。如果邏輯本身不動，我們只永遠重複同樣的言說，除非我們加以比喻性的含義，如「小兒畢竟是小兒（頑皮不足怪）」。比喻法是邏輯動法之一，把一個意境裏的意念鉤上另一意境裏的另一意念。鉤上的妥否要從邏輯外面方可察知，看這麼一鉤掀起怎樣的效果於

生活裏，尤其在聽眾生活裏有什麼影響。有意義的比喻富有活生生的人生意味，沒有意思的比喻就是死沉沉的，一點意味都沒有。

3.2.3 如果我們要證明在哲學界也有進步，我們也許要說看我們搜集多少 「有意義的概念」：愈多重要的概念證明我們的哲學愈進步。因此〈齊物論〉（因為它匯集那麼多的重要概念）表明哲學大進步。這種進步是好的，因為我們愈有概念，就愈能了解世界，愈能處世為人。

不過我們不會迷亂於那麼煩多的思想嗎？我們如何揀選出適切的概念來應付時常變化中的情況呢?這些思想妥善的用法原則何在?如果「了解」即是將雜多簡化為一，為什麼「眾多」思想概念是等於進步呢？

我們的回答如下。我們手裏的思想，沒有一套是適乎萬變的。如果我們固執於某套思想，我們定會與具體事勢割離不相干，終於在思惟上倒塌毀滅。我們要順應時局的變遷，自由使用很多思想去應付局勢。臨機應變的智略是來自擁有多種多樣的概念思想。日日增進於這種才力就是進步。

而且我們只要不離實際情況，常常與生活情境有關切，這情境會指示我們要使用何種概念。在醫療世界日日增多藥品及器具，如沒有病人，這些很是紊亂，使我們不知何措。一有了病人，那病痛就指示我們在何時如何使用何種藥品及器具。那病就是這些藥器的中心點，在此藥器愈多，我們愈能應付疾病。

這就是說器具之多與簡要的思想統一沒有關係。每個新境指示新的統一法來統一很多的概念。每個情境都是獨特的，與其他情況不同。我們擁有的很多概念就可有很多樣式的統一法。

因此「獨特」這概念是複數性的，「一」就是「多」。「一」與

「多」不只在概念的世界裏，它們應是屬乎具體的情況的「一」與「多」。我們擁有的概念愈多，我們就愈能察覺情況的實勢，而能統一生活，處世無亂。人生就是這種的多元性之合一，這就是「齊」的意思。將「多」齊整為「一」，而「一」由「多」而富化於實際的處境，這就是「齊物」的實際的「論」。

也許有人會懷疑，這多元性的一元論真的都沒有我們主觀及成見嗎？這多元性的一元論會否只是我們的思惟法的反映，與實在無關？當然對這個問題連康德 (I. Kant) 也無法回答，我們也許永遠不能超脫這懷疑。可是我們的不能回答不就等於我們自囚於自己圈子，這只是說我們不曉得。因此我們的多元性一元論是經警戒過的小心的論說。

這些考慮使我們再次想起蝴蝶夢。我們知道我們本身的無知，在此我們有知與不知，主觀觀念論與具體情況論等的相交代、互換。我們這種不可知論是活的。我們不確知之知使我們不陷入循環論的陷阱；我們可以小心地可是自由地「齊」整萬「物」及我們的議「論」，使它們齊一。

第十章 齊物論——哲學與萬物自齊

一

布雷克 (William Blake) 曾說哲學始於詩而終於詩。莊子會說如果布氏是對的，則哲學思惟的進展本身也要用詩的論理（如柏拉圖不知不覺所實行），不是用數學上的邏輯——很可惜柏氏努力地執行它。

數理邏輯是系列性的，客觀外表性的，機械性的，相當性相符合性的。詩性論理是互應互湊互滲互纏，復還共鳴，而有機性的，莊子用「籟」字來表明。它是音樂性的。數理邏輯是視覺的邏輯，詩性論理是聽覺的理絡，是有理卻沒有打算策略性，理義逼人卻非理路窮結而無容再展，可以普遍適用卻不是機械盲目性的適用。

文學方面的人士要注意，沒有邏輯上的了悟洞察，「美」是沒有多大的意味的。哲理方面的人士要注意，沒有詩性的了悟洞察，「哲思」是荒蕪空乏的。詩性上邏輯上兩方面的了悟洞察結合起來，可得詩性論理，又逼人又容認另外開展。我們以詩情儆醒論法名學家，也要以邏輯警惕詩人文人，我們要融合美與理。

莊子的〈齊物論〉就是這個美理融合之一例。它一直使我們欣賞其深理，詼諧卻不愚蠢。莊子說他這樣寫因為人生就是這樣。我們也應該這樣活，我們活的邏輯應該依照詩的論理去操作。它是又論理上逼人，又容許進一步的開展的。

世上如有普遍的真理，它一定是必然而普及的。可是我們卻是有限而自由的，我們只能表現必然卻不普遍的真理。我們的言語至

多只能逼人，不能說出無條件的真確性。我們的話語反而每每是錯誤的。由是可見我們可以知道，可以說出的，是說不完知不盡的。莊子簡勁地說「吾生也有涯，而知也無涯」，又說「以有涯隨無涯，殆矣，已，而為知者，殆而已矣」(3/1)，以有限的人生去冒凌無限止的世界是危險的。康德 (Kant) 與波拉尼 (Polanyi) 以我們的「自知」去描述這點。他們說我們人類永遠無法詳盡地知道我們人類，因為這知識要包括我們剛知曉的行為本身。(Immanuel Kant, *Critique of Pure Reason*, A vii–xii; Michael Polanyi, *The Study of Man*, Chicago: The University of Chicago Press, 1959, pp. 11–13.)

從此我們可知我們不能也不可以建造普遍真理的完整系統。我們知道這種「絕對真理的普遍體系」都被揭露是「片面真理的過分敘述」。

究極，絕對而普遍的命題是不可能有的。我們可以證明其不可能如下：(a) 如我們說「一切是真的」，則它暗說『「一切是真的」這句話是錯的。』也是真的」，而這樣一來，原來的「一切是真的」是錯的了。(b) 如果我們說「除了『「一切是真的」是錯的』這句話以外一切是真的」，則我們不能完成我們的命題，因為我們說「P（＝我們要說的）是真的」以前我們要說「『「P是真的」是真的……』是真的」等。這是為要避免「除了……以外」的短語去侵犯原來的命題，所以莊子說：「無適焉，因是已」(2/55)。

具體來說，我們所以為錯誤的見解每每含些真理。莊子說得更透徹 (2/64–70)。我們只能由某一角落，以某一觀點（文化上、心理上、知識上）去窺視一點真理而已。換句話說，我們的所謂「真理」都是土著的，即區域性的，富有鄉土味的，否則就是抽象的虛無。甚至「超脫特殊文化的普遍真理」的主張本身也是出乎特殊文化，

即西洋文化。

　　由是我們可知，人生富有「矛盾不一致的思想」，也可知我們為什麼對惡漢、謬論、矛盾、錯誤等很感興趣，而對正統的人士、思想、妥當的禮節等卻頗為冷淡。我們也可以知道我們為什麼對箴言、名言、比喻、警句、諷刺文詩裏含有的片面真理或曖昧真理很感興高采烈。維根斯坦 (Wittgenstein) 提醒我們，說「概念」是好像由很多絲條織成的一根線索。(Ludwig Wittgenstein, *Philosophical Investigations*, NY: The Macmillan Company, 1953, §§66–71.) 我們說，這些絲條的織法依言語與文化相異而相異，依生活風習的不同而各有其風，而「了解」事物原即了解這種不同的織法。「一般概念」或「一般的生活」是沒有意義的。

　　可是要小心，上述這點本身不可引申成為另一個普遍的真理，或更正確可說，又可以又不可以普遍化。我們應將此點普遍化，因每次碰到普遍真理的體系我們要仔細慎重察看它。可是上述的這點本身不可當作普遍的真理，否則會自己矛盾自己——所說的（「沒有一個主張是普遍真確的」）與所主張的矛盾，成為「『沒有一個主張是普遍真確的』這個主張是普遍真確的」。

　　這就是說我們必須「有時」從這些體系學習真理。我們不可以一直打滾於「不相一致」的泥中。我們既然主張世上只有片面真理，不一致，這主張要成為有責任的行為，就是說，要表現我們忠於實際真情。我們的「不一致」必須源自察覺真情，一直追隨真情，甚至有時要犧牲我們概念上的前後一致。這就是真正的「科學精神」，主張我們與真理的關係永是相對的，漸進的。有個小笑話說，「我原以為我是不對的，可是我現在曉得當時我是錯了」，可是我們有時不大確知那笑話本身到底是對不對。南樂山的巨著，《思惟的重建》結

語說：「我努力將本書的內容說得易毀而富有弱點，因為易毀性是真理的本質」。(Robert C. Neville, *Reconstruction of Thinking*, Albany, NY: The State University of New York Press, 1981, p. 312.) 在這裏的「易毀性」就是「我們普遍真理的主張的易毀性」。

　　人生就是一連串的例外，而用普遍性的短句來讓這些例外照耀出來，就是格言諺語的任務。這些格言令人細想，使我們依我們方法應用於我們各自情境，這樣例外就可暗諷普遍性的真理了。莊子的「形而上學」的詩性論理就是這樣進展的，以特殊情形的例外寫成短短的機警諷語，引惹我們自己探索。這些特殊言語富有不夠普遍的真理，一直刺激我們前進。這種「形而上哲思」的重要的例子是〈齊物論〉。

二

　　齊物論是逍遙遊的思惟化理論化；可是很少人想到在這乾燥的一句裏擁有多少的驚人的內容。從莊子看，思惟理論的任務包含徹底的深入自我，成為無我之吾，醒悟於「或許作夢」之境。由是我們對外界（天地）的想法也就有了一番思惟革命，生活革命。柏拉圖式的穩定的理想界消滅了，事物不斷地變化了，化而為一又互相相異，而在其中我們共鳴韻響。

　　因此齊物論可說是逍遙遊之透徹化，應用於我們的存在及世界，這種哲理思想法一方面反對一般性的脫肉主格（理想主格）永恆的抽象意念（西方哲學之傾向），另方面又反對一般的社會風習聖化，成為宇宙化的家族形而上學（中國理學的傾向）。這哲思是莊子特有的，與天地一起動，在天地中動，又代表天地的動態。這種「動」

向就是悠然的逍遙遊，就是第一篇的主題。

我們記得〈逍遙遊〉的大綱如下：

(a) 本篇始於無動中之動──大魚在北冥。

(b) 繼以很多故事及行動。

(c) 終結於另一無動之動──「逍遙乎寢臥其下」（即「無用之大樹」之下）(1/47)。

我們看〈齊物論〉的構造也是相似：

(a) 本篇始以無動中之動──南郭子綦隱几仰天而聞籟。

(b) 繼以很多故事及活動。

(c) 終結於另一無動之動──夢中之醒，醒中之夢。

這相似構造的關鍵何在？如關鋒在其《莊子內篇譯解和批判》(p. 93) 裏簡要地報告，一般注釋家都以為〈逍遙遊〉述描兩件事：(i)萬「物」齊等，而齊等各自所占的地位，(ii)至「人」的心在於大鵬，也存於小鳩，共存於遠近，永在「物物」。第一個解釋是關於「物」，是宇宙論；第二個關涉人「心」，是自我論。

這論議繼續到〈齊物論〉裏。一般注釋家有兩種釋法：不是將物論齊化，就是齊物之一論。（看關鋒，前揭書，pp. 117–118；張成秋，《莊子篇目考》，pp. 57–58；黃錦鋐，《新譯莊子讀本》，p. 67。）

上述論議的兩方擁有一個同樣的假定──他們都以為思與物不同。他們都以為「物論」是我們主觀思考事物，而「物」則客觀地存在身外，他們以為齊「物」異於物「論」之齊化。

莊子定會微笑而說我們這種想法是源自我們以為「思惟的主格」對分「被思的物」。這是西洋哲學中特有的裂罅，現代的現象學家們正忙著廢除。這是個著魔，只有「吾喪我」方可散開。喪己不是佛

式的除己，只是悟會「吾」的「我」不是固著的，即是說，雖然自我異於非自我，這個我與非我之分別是時時在動態中，時常相與相化——這「分」與「化」的雙重關係屢現於〈齊物論〉，直到明顯確論於該篇最後的蝴蝶夢的故事裏。

　　宣告要關涉「物」與「論」的本篇以討論自我開始，也以討論自我終結。這表明「我」與「物」相代相化，以致原來的思惟主格成為等於「物」的對格。由是可見齊化「自我關涉物事」的思惟即是齊化物事，「齊思」即「齊物」，因為思說與萬物互映互化，不能知道什麼是恆此或恆彼，什麼是實，什麼是夢。

　　甚至本篇的文體風格反映萬花筒式的不確定性，這不確定性當然是「現實」特有的真相。它引人入勝，使人重複味讀本篇，每次悟得新意。我們覺得我們無法盡得其中含義，因為我們不知什麼是其確定意味。

　　可是我們知道本篇至少有這個意思。本篇冥想自我的狀態，魂銷於萬物相代相化的遁走曲（三籟）中，在夢與醒間彷徨，在「不確知」，「不知」，與「知」三者中逍遙。這種狀態可說是「無我論」的狀態。

三

　　「無我論」到底是什麼？宣告他「喪我」之後，南郭子綦以聞三籟來說明他的情形。然後他談到彼此，生死之對代，價值及事物的相對性，這些故事及比喻說出一個要點——斷定萬物的主格本身在變化，而且與他者相化。不但是觀點變化，連主格本身也變了。這是主格的相對論，是存在論性的相對論。

可是思考這些的到底是「誰」？我們如何描述「他」？我們只可稱呼他「無主格」，他並不能描述說是「這個」，「曾生於世」，「莊周」，「蝴蝶」等。「無主格」是「吾主格」，他「喪我」，「忘己」，是「無己」，「無我」。這「吾」並不是康德 (Kant) 所說的先驗性的超越我，因為康德的先驗我是穩定的本體 (noumenon)，在一切思惟經驗背後的絕對基準假定 (postulate) 這康德先驗我是不喪己的。莊子「吾」卻是喪己的。

這樣說當然不是說主格不存在，因為如不存在就沒有主格遂行「喪己」之舉或思考「主格相代」了。可是這「無主格」也並不像莊周或蝴蝶那樣的存在法。但我們在世間所有的存在只是莊周及蝴蝶那樣的存在。「咸其自取，怒者其誰邪？」(2/9)（又看 2/14–16）因此我們說這種的「主格」存在好像不存在，是個「無主格」的主格。

這「無主格」也不是神，因為他不能全能全知。這「無主格」可說是「無存」，也可用其他消極的語詞形容他。或更真確說，他完全無法描述，因他是那開始描述一切的總主格，透澈的主格，他連自己的不存在也包括在他自己裏；他可自喪，可思己。

為要悟會這「無主格」，我們要失喪一般的可思慮到的主格，要「吾喪我」。從這原本的「無己」「無主格」看，一切萬物皆齊一，皆方生，皆因是。〈齊物論〉闡明這種自我變狀的論理，無主格主持「主格相代相化」的論理；一般的論理卻只假定不變的自我。本篇不能以通常的論理邏輯開展；不過我們手裏只有通常的邏輯。

莊子只有一條出路解決這難局。莊子「運用」普通的邏輯（通行於詭辯家間的）而與他們戲謔然地爭論。在戲論中莊子只說可以說出的；關於不可言喻的，莊子沉默不言及。莊子讓可言及的言及

一切陳腐的俗說及凡庸的愚說，這些都是賢慧者不屑出口的。這樣一來，聽眾就察悟莊子所意味的是不可言喻的實理。卡夫卡 (Franz Kafka) 說：「這些譬喻只是說不可領會的是不可領會的，而我們早就知道這點了」。(Franz Kafka, *The Complete Stories and Parables*, ed. Nahum N. Glatzer, NY: Quality Paperback Book Club, 1935, 1983, p. 459.) 相似地，莊子也會說他運用一般邏輯（猶如譬喻），用來比喻不可言喻的，由是那不可言喻而只可親自經驗的實情就呈現出來了。

如果「可道的」（即可指出說它是「道」的）不是「常道」（如老子說），如「道昭而不道」(2/59)，那麼我們可道出那些「可道的」，呈現它們為非「常道」好了。這樣消極的說出，所說的就成為喻言，指言，遙指常道。這是非指之指，是常道的比喻、故事、夢、呈現、遂行。這遂行即沉默之言。這是非常道的路程；「道行之而成」(2/33)。這是說而不說的兩行，醒過而覺悟也許尚在作夢。

這就是三籟之合一。無主格之竊聞即天籟之成肉於塵世之間。可客體化的自我是在地籟之境地，人籟即我們如此的描言。這人籟成為其他二籟的響聲，也可以成為像那二籟那麼自然，天放，由是我們就成為純一而悅怡了。否則我們只心鬥，固執於成見掙扎於這動亂塵世，痛苦於「我」己的世界中，無謂地過活。

總之，萬物之道，由而生活之道，俱闡明於這兩篇。這是宏遠深刻的旅行，以存在論與宇宙論兩路徑深入萬物之根源，包含我們與萬物任性的相代相化。這樣我們參與天地育化而成為真己。這兩篇可謂是全莊書的總綱。莊子人生哲思，宇宙論及形而上學的要諦都包含其中。而且這兩篇更以諧謔的筆法，隱喻的風格，來激發讀者，使讀者也參與這遠大快怡的天地化育。怪不得這兩篇影響我國的精神史特巨且遠，形成吾國藝術精神的基石及骨幹，支持潤澤一

切思想及生活。而且，莊子宏遠的宇宙構圖不但宜於吾國，日本朝鮮業已受益深遠，我們亦冀圖向歐美精神界有所貢獻。相反地，歐美哲思對莊書的詮釋了解也可有方法論上的裨益，本書曾以此精神展開進行。

徵引書目

（依韋氏拼音先後次序排列）

1. 赤塚忠：《莊子》（上下兩卷），東京集英社，1974，1976。

2. Aristotle: *Metaphysics* (A Revised Text with Introduction and Commentary by W. D. Ross), Two Vols., Oxford at the Clarendon Press, 1924, 1953, 1958.

3. Owen Barfield: *Poetic Diction*, Middletown, CT: Wesleyan University Press, 1973.

4. William Blake: *Augurus of Innocence*.

5. Martin Buber: *I and Thou* (tr. Ronald G. Smith), Edinburgh: T. and T. Clark, 1937.

6. Henry Bugbee: *The Inward Morning*, NY: Collier Books, 1961.

7. Rudolf Bultmann: *Essays: Philosophical and Theological*, NY: Macmillan Co., 1955.

8. Rudolf Bultmann: *Existence and Faith*, London: Hodder and Stoughton, 1961.

9. Wing-tsit Chan, ed.: *A Source Book in Chinese Philosophy*, Princeton University Press, 1963.

10. 張成秋：《莊子篇目考》，臺灣中華書局，1971。

11. 章學誠：《章氏遺書》。

12. 章學誠：《章氏文集》。

13. 張揖：《廣雅譯詁》。

14. 陳啓天：《莊子淺說》，臺灣中華書局，1978。

15. 陳景元：《道德真經藏室纂微開題》。

16. 高樹藩：《正中形音義綜合大字典》，臺灣正中書局，1981。

17. 焦竑：《莊子翼》，臺灣廣文書局翻印。

18. 錢穆：《論語要略》，臺灣商務印書館，1968 翻印。

19. 錢穆：《莊子纂箋》，香港東南印務出版社，1963。

20.錢穆：《國學概論》。

21.錢大昕：《經籍籑詁》。

22.錢大昕：《潛研堂文集》。

23.朱熹：《四書集註》。

24.朱熹：《朱子全書》，臺灣廣學社印書館翻印，1977。

25.朱桂曜：《莊子內篇證補》，上海商務印書館，1935。

26.朱自清：《朱自清全集》，臺南大東書局。

27.《莊子引得》，臺北弘道文化事業有限公司，1971。

28. H. G. Creel: *What Is Taoism?*, The University of Chicago Press, 1970.

29. H. G. Creel (ed.): *Chinese Civilization in Liberal Education*, The University of Chicago Press, 1959.

30. Xavier Rubert de Ventós: *Self-Defeated Mans Personal Identity and Beyond*, Harper & Row, 1975.

31. Hubert L. Dreyfus: *What Computers Can't Do*, Harper & Row, 1979.

32.方驥齡：《論語新詮》，臺灣中華書局，1978。

33.福永光司：《莊子》（三卷），東京朝日新聞社，1966–1967。

34. Norman J. Girardot: *Myth and Meaning in Early Taoism*, Berkeley: The University of California Press, 1983.

35. Kurt Gödel: *Foundations of Mathematics*, 1969.

36. Ernest Nagel & James R. Newman: *Gödel's Proof*, NY: New York University Press, 1958.

37. A. C. Graham: *Chuang-tzŭ: The Seven Inner Chapters and Other Writings from the Book Chuang-tzŭ*, London: George Allen & Unwin, 1981.

38. A. C. Graham: *The Book of Lieh-tzŭ*, London: John Murray, 1960.

39. A. C. Graham: "Chuang-tzu's Essay on Seeing Things as Equal," *History of Religions*, Vol. 9, Nos. 2 & 3 combined (November 1969–February 1970).

40. A. C. Graham: *Later Mohist Logic, Ethics and Science*, Hong Kong: Chinese University Press/London: University of London Press, 1978.

41. W. K. C. Guthrie: *Sophists*, Cambridge: Cambridge University Press, 1971.

42. W. K. C. Guthrie: *Socrates*, Cambridge: Cambridge University Press, 1971.

43.王先慎：《韓非子集解》，臺灣世界書局印行，1983。

44. Martin Heidegger: *What Is Called Thinking?*, tr. by Fred D. Wieck & J. Glenn Gray, NY: Harper & Row, 1968.

45. William J. Richardson: *Heidegger: Through Phenomenology to Thought*, The Hague: Martinus Nijhoff, 1967.

46. R. J. Hollingdale: *Nietzsche: Thus Spoke Zarathustra*, Baltimore, MD: Penguin Books, 1961.

47.徐復觀：《中國藝術精神》，臺灣學生書局，1976。

48.許慎：《說文解字註》（段玉裁註），九龍實用書局，1963。

49.胡適：《胡適文存》（四集），遠東圖書公司。

50.黃錦鋐：《新譯莊子讀本》，臺北三民書局，1977。

51.黃錦鋐：《莊子及其文學》，臺北東大圖書公司，1977。

52. Franz Kafka: *The Complete Stories and Parables*, ed. Nahum N. Glatzer, NY: Quality Paperback Book Club, 1935, 1983.

53. Immanuel Kant: *Immanuel Kant's Critique of Pure Reason*, tr. by Norman Kemp Smith, London: Macmillan & Co., Ltd., 1963.

54. Søren Kierkegaard: *Fear and Trembling*, tr. by Walter Lowrie, Princeton, NJ: Princeton University Press, 1941.

55. Søren Kierkegaard: *The Point of View of My Work as an Author*, tr. by Walter Lowrie, ed. by Benjamin Nelson, NY: Harper & Row, 1962.

56. Søren Kierkegaard: *The Concept of Irony*, tr. by Lee M. Capel, Bloomington, IN: Indiana University Press, 1965.

57. Søren Kierkegaard: *The Gospel of Suffering*, tr. by David F. & Lilian M. Swenson, Minneapolis: Augsburg Publishing House, 1946.

58. Joseph Kockelmans, ed.: *On Heidegger and Language*, Evanston: Northwestern University Press, 1972.

59.關鋒：《莊子內篇譯解和批判》，北京中華書局，1961。

60. Thomas Kuhn: *The Structure of Scientific Revolution*, The University of

Chicago Press, 1970.

61.郭慶藩：《莊子集釋》，臺灣中華書局印行，1973。

62.郎擎霄：《莊子學案》，臺北河洛圖書出版社，1974。

63. Susanne Langer: *Philosophy in a New Key*, Cambridge, MA: Harvard University Press, 1942.

64.老子：《道德經》。

65. D. C. Lau: *Confucius: The Analects*, Harmondsmorth, Middlesex, England, 1979.

66. James Legge (tr.): *The Chinese Classics*, 5 Vols., Hong Kong University Press, 1960.

67. James Legge (tr.): *The Texts of Taoism*, 2 Vols., NY: Dover Publications, Inc., 1962.

68. H. D. Lewis (ed.): *Clarity is Not Enough*, London: George Allen & Unwin, 1963.

69.林希逸：《莊子口義》，臺北弘道文化事業有限公司，1971 印行。

70. Lin Yutang （林語堂）: *The Wisdom of China and India*, NY: Random House, 1942.

71. Lin Yutang: *The Wisdom of Laotse*, NY: The Modern Library, 1948.

72. Lin Yutang: *The Wisdom of Confucius*, NY: The Modern Library, 1938.

73.林雲銘：《標註補義莊子因》，臺北蘭臺書局，1969 印行。

74.劉逢錄：《論語述何》。

75. Lucretius: *On Natrue*, tr. by Russel M. Geer, Indianapolis, IN: Bobbs-Merrill, 1965.

76.馬敘倫：《莊子天下篇述義》。

77.馬敘倫：《莊子義證》，臺北弘道文化事業有限公司，1970。

78. Yehudi Menuhin & Curtis W. Davis: *The Music of Man*, NY: Methuen, 1979.

79. Maurice Merleau-Ponty: *Humanism and Terror*, Boston: Beacon Press, 1969.

80. Maurice Merleau-Ponty: *Signs*, Evanston, IL: Northwestern University Press, 1964.

81. Maurice Merleau-Ponty: *The Structure of Behavior*, Boston: Beacon Press, 1963.

82. Maurice Merleau-Ponty: *Phenomenology of Perception*, London: Routledge & Kegan Paul, 1962.

83. 牟宗三：《才性與玄理》，臺灣學生書局，1983。

84. 諸橋轍次：《大漢和辭典》（十三卷），東京大眾館，1960。

85. Robert C. Neville: *The Cosmology of Freedom*, Yale University Press.

86. Robert C. Neville: *Reconstruction of Thinking*, NY: State University of New York Press, 1981.

87. 西田長左衛門：《老子》，《莊子》上，東京至誠堂，1931。

88. Christopher Nolan: *Dam-Burst of Dreams*, Athens, OH: Ohio University Press, 1981.

89. Richard E. Palmer: *Hermeneutics*, Evanston, IL: Northwestern University Press, 1969.

90. H. J. Paton: *The Good Will*, London: George Allen & Unwin, 1927.

91. Max Picard: *The World of Silence*, South Bend, IN: Regnery/Gateway, 1952.

92. Plato: *The Dialogues of Plato*, tr. by Benjamin Jowett, NY: Random House, 1937.

93. Michael Polanyi and Harry Posch: *Meanings*, Chicago: The University of Chicago Press, 1975.

94. Michael Polanyi: *The Study of Man*, Chicago: The University of Chicago Press, 1959.

95. Paul Ricoeur: *The Conflict of Interpretations*, Evanston, IL: Northwestern University Press, 1974.

96. John Mansley Robinson: *An Introduction to Early Greek Philosophy*, Boston: Houghton Mifflin, 1968.

97. 坂井煥三：《莊子新釋》，東京弘道館，1930。

98. Jean-Paul Sartre: *Nausea*, NY: New Directions, 1949.

99. Jean-Paul Sartre: *Being and Nothingness*, NY: Philosophical Library, 1956.

100. B. F. Skinner: *Walden Two*, NY: Holt, Rinehart and Winston, 1959.

101. Ninian Smart: *The Religious Experience of Mankind*, NY: Charles Scribner's Sons, 1969.

102.蘇新鋈:《郭象莊學平議》,臺灣學生書局,1971。

103.司馬遷:《史記》。

104. Marie C. Swabey: *Comic Laughter*, New Haven, CT: Yale University Press, 1961.

105.戴震:《戴東原集》。

106.唐君毅:《中國哲學原論》(原道篇),香港新亞研究所,1973。

107. Paul Tillich: *The Courage to Be*, New Haven, CT: Yale University Press, 1952.

108.丁福保編:《說文解字詁林》(十二卷),臺北鼎文書局,1983 印行。

109. Samuel Todes and Charles Daniels: "Beyond the Doubt of a Shadow," in Don Ihde and Richard M. Zaner (eds.), *Dialogues in Phenomenology*, The Hague: Martinus Nijhoff, 1975.

110. Philis Trible: *God and the Rhetoric of Sexuality*, Philadelphia: Fortress Press, 1978.

111.宇野哲人:《論語》(上下兩卷),東京明德出版社,1972。

112. Arthur Waley, tr.: *The Analects of Confucius*, London: George Allen & Unwin, 1938.

113.王夫之:《莊子解》,香港中華書局,1976。

114.王力:《古代漢語》(四卷),北京中華書局,1962。

115.王夢鷗:《古典文學論探索》,臺北正中書局,1984。

116.王叔岷:《莊子校釋》(兩卷),臺灣臺聯國風出版社,1972。

117.王叔岷:《莊學管闚》,臺灣藝文印書館,1978。

118.王陽明:《王陽明全集》,香港廣智書局。

119. Burton Watson, tr.: *The Complete Works of Chuang Tzu*, NY: Columbia University Press, 1968.

120.聞一多:《聞一多全集》(四卷),北京新華書局,1982。

121.聞一多:《神話與詩》,臺中藍燈文化事業有限公司,1975。

122. Alfred North Whitehead: *Process and Reality*, Corrected Edition, eds. David Ray Griffin & Donald W. Sherburne, NY: The Free Press, 1978.

123. C. A. S. Williams: *Outlines of Chinese Symbolism and Art Motives*, NY: Dover Publications, 1941.

124. Ludwig Wittgenstein: *Philosophical Investigations*, NY: Macmillan, 1953, 1968.

125.吳怡:《禪與老莊》,臺北三民書局,1961。

126. Kuang-ming Wu　(吳光明): *Chuang Tzu: World Philosopher at Play*, NY: Crossroad Publishing Company & Atlanta GA: Scholars Press, 1982.

127. Kuang-ming Wu: *The Butterfly as Companion: Meditations on the First Three Chapters of the Chuang Tzu*, Albany, NY: State University of New York Press, 1988.

128.姚鼐:《惜抱軒文集》。

129.嚴靈峰:《莊子集成》。

130.殷豫川:《論語今詮》,臺北黎明文化事業股份有限公司,1978。

131.袁枚:《隨園文集》。

莊子年表

　　莊子生卒，史無明文，不可查考。莊子的名字、生平、籍貫，都模糊不清，怪不得黃錦鋐氏說莊子「是一個像謎樣的人物」（《新譯莊子讀本》，第一頁）。關於這「謎」性的哲學上的意義，請看本書第十頁。因此葉國慶說得對，他說：「後人考究他的年代的，每取《莊子》書裏的事跡作為根據。各人對于《莊子》書裏所記的見解不同，所得的結果也就不同了。」（《莊子研究》，臺灣商務印書館，民國五十七年，第一、二頁。）

　　可是他的生世大略，卻是共認確定的。莊子是西元前第四世紀的人（從 360–370 活到 300–270 BC）。現在河南省的蒙地人。與孟子同時代。關於莊子事蹟可參考的諸氏書目如下：

　　郎擎霄：《莊子學案》，臺北河洛圖書出版社，民國六十三年，第一章。

　　關鋒：《莊子內篇譯解和批判》，北京中華書局，1961，〈莊子時代大事年表〉。

　　福永光司：《莊子》，東京朝日新聞社，1978，〈內篇解說〉。

　　沈洪：《莊子》，臺灣商務印書館，民國五十八年，〈緒言〉。

　　黃錦鋐：《新譯莊子讀本》，臺北三民書局，民國六十三年，〈莊子的生平〉。

　　葉國慶：《莊子研究》，臺灣商務印書館，民國五十七年，〈莊子事略〉。

　　林鼐士校：《莊子大傳》，臺灣弘道公司印行，民國六十年。

　　馬敘倫的〈莊子年表〉最詳，錄於馬氏的《莊子天下篇述義》

內（上海龍門聯合書局，1958）。茲抄錄如下：

〈莊子年表序〉

莊子生卒，書闕不可考。《史記‧莊子列傳》云：周與梁惠王、齊宣王同時。又云：楚威王聞莊周賢，使使厚幣迎之。然梁惠王二十九年，齊宣王始立，又三年，為楚威王元年。威王立十一年卒。（〈六國表〉）威王聘周，不知在何年。計其卒於十一年，當梁惠王之後六年。（今〈史記六國表〉梁惠王卒於三十六年，楚威王十一年為梁襄王六年者，此司馬遷誤以惠王三十六年更元為卒，而以更元年至十六年為襄王，多哀王一世。前儒據《竹書紀年》及《世本》正之，是也。）齊宣王之十四年，猶同時也。周能致楚聘，必已三、四十歲，本書於魏文侯、武侯皆稱諡，（〈田子方〉、〈徐无鬼〉）而於惠王初稱其名，（〈則陽〉）又稱為王，（〈山木〉）是周之生或在魏文侯、武侯之世，最晚當在惠王初年。本書稱宋王者再，（〈列禦寇〉）宋君偃以十一年自立為王。（〈宋世家〉）當魏襄王之元年，楚懷王之十一年，齊湣王之六年，韓惠王之十五年，秦惠文王之更七年，趙武靈王之八年，燕王噲之三年，而本書載之噲讓國事，（〈秋水〉）燕噲讓國子之在五年，國絕在八、九年。當宋已稱王之後六、七年矣。本書又有公孫龍，（〈秋水〉）龍為平原君客，平原君為趙相，在惠文王時。本書亦有周見趙文王，（〈說劍〉）是周於趙惠文王之世猶存。然前賢謂〈讓王〉至〈漁父〉四篇皆偽作。所謂莊子以說劍見趙文王者，不可信。固然。然本書載「莊子送葬過惠子之墓」，（〈徐无鬼〉）惠施以梁襄王十三年失相之楚。（〈楚策〉及〈六國表〉襄王十三年，今表內為哀王十三年。）當趙武靈王之二十年，施未必即死，

假令施死於十年內，即當趙武靈、惠文之間，是周得見趙惠文與公孫龍也。本書載事無後於此者。使周生梁惠王之初年，至趙惠文王之初年，已七八十歲，略與孟子、荀卿之年相若矣。本書載宋王事，皆其國強暴盛之際，亦適當趙惠文王時，意周不及見宋之亡者，故表以齊滅宋而止。周，蒙人。蒙於戰國為楚邑。（〈藝文志注〉：宋人者，蒙本為宋邑。《經典釋文》云：梁國蒙縣人者，漢〈地理志〉蒙屬梁國也。）而生梁惠王之初年。故表始成元年。其齊、楚、梁、韓、趙、秦、燕，並以本書所及而復當周之世者登焉。若周則其共主也。大略如左，以俟後之君子復能詳之。

〈莊子年表〉

周	楚	齊	魏	韓	趙	秦	燕	宋
烈王七年	宣王元年	威王十年	惠王二年	莊侯二年	成侯六年	獻公十六年	桓公四年	剔成元年
顯王元年	二	十一	三	三	七	十七	五	二
二	三	十二	四	四	八	十八	六	三
三	四	十三	五	五	九	十九	七	四
四	五	十四	六	六	十	二十	八	五
五	六	十五	七	七	十一	廿一	九	六
六	七	十六	八	八	十二	廿二	十	七
七	八	十七	九	九	十三	廿三	十一	八
八	九	十八	十	十	十四	孝公元年	文公元年	九
九	十	十九	十一	十一	十五	二	二	十
十	十一	二十	十二	十二	十六	三	三	十一
十一	十二	廿一	十三	昭侯元年	十七	四	四	十二

〈讓王篇〉：「韓、魏相與爭侵地。子華子見昭僖侯，僖侯有憂色」。案：《呂氏春秋·任數篇》：「韓昭釐侯視所以祠廟之牲，其豕小。申不害聞之」。高誘注：「申不害，昭釐侯之相也」。《史記·韓世家》「申不害為韓昭侯相」，則昭釐侯即昭侯。此作昭僖者，古書僖、釐二字通用。詩〈蟋蟀〉序，「刺晉僖公也」。《史記》作釐侯，是其例證。（〈韓策〉亦作「昭釐」）

周	楚	齊	魏	韓	趙	秦	燕	宋
十二	十三	廿二	十四	二	十八	五	五	十三
十三	十四	廿三	十五	三	十九	六	六	十四
十四	十五	廿四	十六	四	二十	七	七	十五
十五	十六	廿五	十七	五	廿一	八	八	十六
十六	十七	廿六	十八	六	廿二	九	九	十七

〈則陽篇〉：「魏瑩與田侯牟（《釋文》）：「魏瑩，郭本作罃，今本多作瑩。司馬云：『魏惠王也』。與田侯，一本作田侯牟。司馬云：『田侯齊威王也，名牟。桓公子』。案：《史記》威王名因，不名牟」。俞樾云：「田齊諸君無名牟者，惟桓公名午，與牟字相似，牟或午之誤，然齊桓公午與梁惠王又不相值也」。案：陸本無牟字，司馬說不知何據，或誤以桓公名為齊威王名，轉寫復誤為牟耶？若是，則一本作田侯牟者，牟字是後人加矣。）約，田侯牟背之。魏瑩怒，將使人刺之。犀首聞而恥之。曰：『君為萬乘之君也，而以匹夫從讎，衍清受甲二十萬，為君攻之，虜其人民，係其牛馬，使其君內熱發於背，然後拔其國。忌也出走，然後抶其背，折其脊』。」案：《史記‧田敬仲完世家》：「威王二十六年，魏惠王圍邯鄲，趙求救於齊，齊威王召大臣而謀曰：『救趙孰與勿救？』騶忌子曰：『不如勿救』。段干朋曰：『不救則不義，且不利』。威王從之。其後騶忌與田忌不善。公孫閱謂騶忌曰：『公何不謀伐魏？田忌必將。戰勝有功，則公之謀中也。戰不勝，非前死則後北，而命在公矣。』於是騶忌言威王，使田忌南攻襄陵。十月，邯鄲拔。齊因起兵擊魏，大敗之桂陵。於是齊最強於諸侯，自稱為王」。是此云：「忌也出走」，謂騶忌也。（本書成玄英疏云：「姓田，名忌，齊將也」。非是。知

者，田忌將在外，不得云：「拔其國，忌也出走」。）稱田侯者，齊未王也。從始事言。〈則陽篇〉又云：「惠子聞之而見戴晉人」。《釋文》：「惠子，惠施也。戴晉人，梁國賢人，惠施薦之於魏王」。〈秋水篇〉：「惠子相梁」。《釋文》云：「相梁惠王」。《呂氏春秋‧淫辭篇》：「惠子為魏惠王為法」。高誘注：「惠子：惠施，宋人，仕魏，為惠王相也」。〈不屈篇〉惠王謂惠子曰：「上世之世，有國必賢者也。今寡人實不若先生，願得傳國」〈開春篇〉：「魏惠王死，將葬，天大雨雪。群臣欲緩葬。太子不肯。群臣莫敢諫，而告犀首。犀首曰：『請告惠公』。」高注：「惠公，惠王相惠施也」。〈魏策〉：惠施為齊、韓、魏交，令太子鳴為質於齊。事在惠王末。〈楚策〉：張儀逐惠施於魏，惠子之楚。案：儀相魏為襄王十三年，則惠子相梁惠王襄王在魏三十餘年。

周	楚	齊	魏	韓	趙	秦	燕	宋
十七	十八	廿七	十九	七	廿三	十	十	十八
十八	十九	廿八	二十	八	廿四	十一	十一	十九
十九	二十	廿九	廿一	九	廿五	十二	十二	二十
二十	廿一	三十	廿二	十	肅侯元年	十三	十三	廿一
廿一	廿二	卅一	廿三	十一	二	十四	十四	廿二
廿二	廿三	卅二	廿四	十二	三	十五	十五	廿三
廿三	廿四	卅三	廿五	十三	四	十六	十六	廿四
廿四	廿五	卅四	廿六	十四	五	十七	十七	廿五
廿五	廿六	卅五	廿七	十五	六	十八	十八	廿六
廿六	廿七	卅六	廿八	十六	七	十九	十九	廿七
廿七	廿八	宣王元年	廿九	十七	八	二十	二十	廿八

〈秋水篇〉：「公孫龍問於魏牟曰」。《釋文》引司馬彪云：「龍，趙人；牟魏之公子」。〈讓王篇〉：「中山公子牟謂瞻子曰」。《釋文》引司馬彪云：「魏之公子，封中山，名牟」。案：《史記‧六國年表》魏惠王二十九年中山君為相。（〈魏世家〉在二十八年）疑即牟也。（說詳〈札記〉卷十七）又〈天下篇〉：「彭蒙、田駢、慎到聞其風而說之。」案：《漢書‧藝文志注》：「田駢齊人，游稷下，號天口駢」。《史記‧田敬仲完世家》：「宣王喜文學游說之士，自如騶衍、淳于髡、田駢、接子、慎到、環淵之徒七十六人，皆賜列第為上大夫。不治而議論，是以齊稷下學士復盛，且數千百人」。是田駢、慎到皆齊宣王時人。《淮南子‧人間篇》：「唐子短陳駢子於齊威王，威王欲殺之。孟嘗君聞之，使人以車迎之」。案：《史記‧孟嘗君列傳》，田文代立於薛，在湣王時。湣王乃威王孫也。或誤以湣王為威王邪？則駢又下及湣王時矣。〈天下篇〉：「宋鈃、尹文聞其風而說之」。案：〈漢志注〉：「尹文說齊宣王」。顏師古引劉向云：「與宋鈃俱游稷下」。則宋、尹亦宣王時人。《呂氏春秋‧正名篇》：「齊湣王是以知說士而不知所謂士也。故尹文問其故」。則尹文亦下及湣王時矣。

周	楚	齊	魏	韓	趙	秦	燕	宋
廿八	廿九	二	卅	十八	九	廿一	廿一	廿九
廿九	卅	三	卅一	十九	十	廿二	廿二	卅
卅	威王元年	四	卅二	二十	十一	廿三	廿三	卅一

〈秋水篇〉：「莊子釣於濮水，楚王使大夫二人往見焉。曰：願以境內累矣」。〈列禦寇篇〉：「或聘於莊子」。案：《史記》本傳合兩

事為一，而以楚王為楚威王，故本傳又云：「與梁惠王、齊宣王同時」。

周	楚	齊	魏	韓	趙	秦	燕	宋
卅一	二	五	卅三	廿一	十二	廿四	廿四	卅二
卅二	三	六	卅四	廿二	十三	惠文王元年	廿五	卅三
卅三	四	七	卅五	廿三	十四	二	廿六	卅四
卅四	五	八	卅六	廿四	十五	三	廿七	卅五
卅五	六	九	襄王元年	廿五	十六	四	廿八	卅六

〈山木篇〉：「莊子衣大布而補之。正緳係履而過魏王」。案：《釋文》引司馬彪云：「魏王，惠王也」。據〈秋水篇〉：「惠子相梁，莊子往見之」，則莊子或以是時見魏王，正惠王也。然《史記‧魏世家》：「襄王元年與諸侯會徐州。相王也，追尊父惠王為王」。是魏之稱王自襄王始。然汲冢《紀年》魏惠成王之三十六年稱更為一年，又十六年卒。子今王立，其敘事盡今王之二十年，時未卒，故不稱謚。蓋惠成王即惠王，今王即襄王也。又《世本》魏惠王卒，子襄王立，襄王卒，子昭王立，無哀王。前賢以二書相證，知《史記》誤以惠王三十六年更元為其卒年，而以後元十六年為襄王之世，增哀王一世，其說極是。蓋哀王即襄王，字形相近。司馬遷所見《世本》等書，蓋有誤襄為哀者，因之兩出耳。然則莊子所見為惠王亦明矣。梁惠王已稱王，孟子亦可證。今表本《史記》，而著其說如此。

周	楚	齊	魏	韓	趙	秦	燕	宋
卅六	七	十	二	廿六	十七	五	廿九	卅七
卅七	八	十一	三	宣惠王元年	十八	六	易王元年	卅八
卅八	九	十二	四	二	十九	七	二	卅九
卅九	十	十三	五	三	二十	八	三	四十
四十	十一	十四	六	四	廿一	九	四	四十一
四十一	懷王元年	十五	七	五	廿二	十	五	君偃元年即康王
四十二	二	十六	八	六	廿三	十一	六	二
四十三	三	十七	九	七	廿四	十二	七	三
四十四	四	十八	十	八	武靈王元年	十三	八	四
四十五	五	十九	十一	九	二	初更元年	九	五
四十六	六	湣王元年	十二	十	三	二	十	六
四十七	七	二	十三	十一	四	三	十一	七
四十八	八	三	十四	十二	五	四	十二	八
慎靚王元年	九	四	十五	十三	六	五	王噲元年	九
二	十	五	十六	十四	七	六	二	十

〈山木篇〉：「子獨不聞假人之亡與？林回棄千金之璧，負赤子而趨」。《釋文》云：「李云：假，國名」。司馬云：「林回，殷之逃民之姓名」。案：據司馬說，則「假」宜作「殷」，殷即宋也。（本書亦或作商）宋人之亡，指康王偃暴其民事。又〈列禦寇〉：「宋人有曹商者，為宋王使秦」。「莊子曰：『秦王有病』。」「人有見宋王者，錫

車十乘，以其十乘驕穉莊子」。據《史記‧宋世家》：「偃自立為宋君。君偃十年，自立為王」。「四十七年（〈六國表〉作四十三年是）齊湣王與魏、楚伐宋，殺王偃，遂滅宋而三分其地」。此書稱宋王者二，已是王偃十一年後也。又稱秦王者，則惠文王也。惠文稱王，楚懷王元年，亦宋康王元年也。

周	楚	齊	魏	韓	趙	秦	燕	宋
三	十一	六	哀王元年	十五	八	七	三	十一
四	十二	七	二	十六	九	八	四	十二
五	十三	八	三	十七	十	九	五	十三

〈秋水篇〉：「之噲讓而絕」。案：《史記‧六國表》燕王噲五年，讓其臣子之國。七年，君及太子相子之皆死。九年燕人共立公子平。〈燕世家〉係讓國於三年後，不云五年。然云三年國大亂，燕子之亡二年，而燕人共立太子平。是表係讓國於五年，不誤。

周	楚	齊	魏	韓	趙	秦	燕	宋
六	十四	九	四	十八	十一	十	六	十四
赧王元年	十五	十	五	十九	十二	十一	七	十五
二	十六	十一	六	二十	十三	十二	八	十六
三	十七	十二	七	廿一	十四	十三	九	十七

〈天下篇〉：「宋鈃、尹文聞其風而說之」。案：宋鈃即《孟子》之宋牼。（說見前）《孟子》載宋牼將見秦、楚之王，說以罷兵。是時楚為懷王，秦為惠文王。據《史記‧楚世家》懷王元年，秦惠王

初稱王。〈六國表〉楚懷王元年,秦惠文君十年也。宋硜並稱秦、楚
之王,當在惠文君稱王後。〈楚世家〉懷王十一年,蘇秦約從,山東
六國共攻秦。楚懷王為從長。〈秦本紀〉惠文王更十三年(楚懷王十
七年),庶長章擊楚於丹陽,虜其將屈匄,斬首八萬,又攻楚漢中,
取地六百里,置漢中郡。楚圍雍氏。宋硜說秦、楚,當在是時。

周	楚	齊	魏	韓	趙	秦	燕	宋
四	十八	十三	八	襄王元年	十五	十四	昭王元年	十八
五	十九	十四	九	二	十六	武王元年	二	十九
六	二十	十五	十	三	十七	二	三	二十
七	廿一	十六	十一	四	十八	三	四	廿一
八	廿二	十七	十二	五	十九	四	五	廿二
九	廿三	十八	十三	六	二十	昭王元年	六	廿三
十	廿四	十九	十四	七	廿一	二	七	廿四
十一	廿五	二十	十五	八	廿二	三	八	廿五
十二	廿六	廿一	十六	九	廿三	四	九	廿六
十三	廿七	廿二	十七	十	廿四	五	十	廿七
十四	廿八	廿三	十八	十一	廿五	六	十一	廿八
十五	廿九	廿四	十九	十二	廿六	七	十二	廿九
十六	三十	廿五	二十	十三	廿七	八	十三	三十
十七	頃襄王元年	廿六	廿一	十四	惠文王元年	九	十四	卅一

〈說劍篇〉:「趙文王喜劍」,「國衰」。「太子悝患之,募左右曰:
『孰能說王之意?』」「左右曰:『莊子當能』。」《釋文》:「司馬彪
云:『趙文王,惠文王也,名何,武靈王子。後莊子三百五十年』」。

〈洞紀〉云：『周赧王十七年，趙惠文王之元年』。一云：『案長歷推，惠文王與莊子相值，恐彪之言誤』。悝，苦回反，太子名」。案：〈秋水篇〉：「公孫龍問於魏牟曰」，據《呂氏春秋‧審應覽》：「趙惠王謂公孫龍曰」，又〈滀辭篇〉：「趙王以告平原君，平原君以告公孫龍」。龍與惠文王同時。本書載公孫龍，則莊子與惠文王正相值。然〈趙世家〉惠文三十三年卒。太子丹立，是為孝成王，則不名丹。俞樾謂此是不得立者，或然與？或即長安君。〈魏策〉有太子鳴，而〈魏世家〉惠王子唯太子申及太子赫名，亦其例。

周	楚	齊	魏	韓	趙	秦	燕	宋
十八	二	廿七	廿二	十五	二	十	十五	卅二
十九	三	廿八	廿三	十六	三	十一	十六	卅三
二十	四	廿九	昭王元年	釐王元年	四	十二	十七	卅四
廿一	五	三十	二	二	五	十三	十八	卅五
廿二	六	卅一	三	三	六	十四	十九	卅六
廿三	七	卅二	四	四	七	十五	二十	卅七
廿四	八	卅三	五	五	八	十六	廿一	卅八
廿五	九	卅四	六	六	九	十七	廿二	卅九
廿六	十	卅五	七	七	十	十八	廿三	四十
廿七	十一	卅六	八	八	十一	十九	廿四	四十一
廿八	十二	卅七	九	九	十二	二十	廿五	四十二
廿九	十三	卅八	十	十	十三	廿一	廿六	四十三

人名索引

(依韋氏拼音先後次序排列)

名詞索引

（依韋氏拼音先後次序排列）

海德格

項退結　著

海德格是二十世紀最重要的哲學家，他在 1927 年發表的《存有與時間》與其後的等等著作，深刻影響了往後的哲學發展，如存在主義、詮釋學、解構主義等等理論無一不受他的影響；他的哲學見解也啟發了如漢娜鄂蘭、沙特、高達美、德希達等知名哲學家。

本書作者項退結教授致力研究海德格並開設 「海德格」相關課程長達數十年，多年來的教學相長，以及對海德格原著之不斷鑽研，成就了本書的經典地位，是認識海德格的最佳中文著作。

國家圖書館出版品預行編目資料

莊子／吳光明著.－－三版一刷.－－臺北市：東大，
2022
　　面；　公分.－－（世界哲學家叢書）

　　ISBN 978-957-19-3335-1　（平裝）
　　1.(周)莊周 2. 莊子 3. 學術思想

121.33　　　　　　　　　　　　111014475

世界哲學家叢書

莊子

作　　　者	吳光明
發 行 人	劉仲傑
出 版 者	東大圖書股份有限公司
地　　　址	臺北市復興北路 386 號 (復北門市)
	臺北市重慶南路一段 61 號 (重南門市)
電　　　話	(02)25006600
網　　　址	三民網路書店 https://www.sanmin.com.tw
出 版 日 期	初版一刷 1988 年 2 月
	二版一刷 2015 年 7 月
	三版一刷 2022 年 11 月
書 籍 編 號	E120250
I S B N	978-957-19-3335-1

東大圖書公司